Verlauf des Wolfgangsweges von Regensburg nach St. Wolfgang am Wolfgangsee

Der Wolfgangsweg von Regensburg nach St. Wolfgang (282 km)

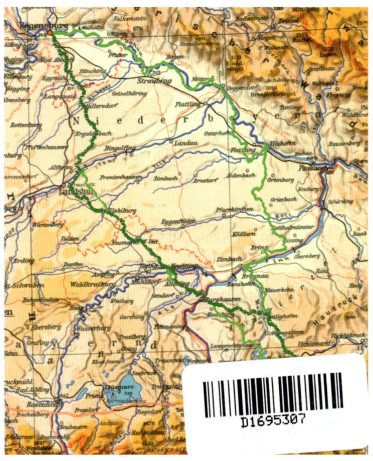

Altes Kartenbild eines Schulatlasses
Dunkelgrün der Hauptweg, hellgrün die Nebenvarianten

Inhaltsverzeichnis

6 Geleitwort von Bischof Dr. Rudolf Voderholzer
8 Vorwort des Herausgebers
11 Das Kartenwerk

13 Der heilige Wolfgang,
ein Kämpfer Gottes im Dienst von Staat und Kirche

16 Wege, die der hl. Wolfgang einst ging

19 Historische Wolfgangsrouten aus dem südostbayerischen und oberösterreichischen Raum nach St. Wolfgang im Salzkammergut

23 Der Wolfgangsweg von Regensburg nach St. Wolfgang

25 **1.** Vom Dom in Regensburg zur Wolfgangseiche in Thalmassing

35 **2.** Von der Wolfgangseiche in Thalmassing zur Klosterkirche in Mallersdorf

45 **3.** Von Kloster Mallersdorf zur Wolfgangskirche in Essenbach

57 **4.** Von der Wolfgangskirche Essenbach nach Landshut

63 **5.** Von Landshut nach Vilsbiburg

75 **4a** Von der Wolfgangskirche Essenbach
5a über Frauenberg nach Vilsbiburg

85	6.	Von Maria Hilf in Vilsbiburg zum Kloster Neumarkt-Sankt Veit
91	7.	Vom Kloster Neumarkt-Sankt Veit zum Kapellplatz in Altötting
105	8.	Vom Kapellplatz in Altötting zur Jakobskirche in Burghausen
115	9.	Von der Jakobskirche Burghausen zur Kollegiatskirche Mattighofen
127	10.	Von der Kollegiatskirche Mattighofen nach Irrsdorf
143	11.	Von Irrsdorf zur Klosterkirche in Mondsee
144	11a	Der Hauptweg westlich des Irrsees
149	11b	Der historische Weg von Irrsdorf östlich des Irrsees
161	12.	Von der Klosterkirche Mondsee zur Wallfahrtskirche St. Wolfgang

Wolfgangsweg-Varianten:

171	9v	Von Burghausen zum Kloster Michaelbeuern
179	10v	Von Kloster Michaelbeuern nach Neumarkt am Wallersee
189	11v	Von Neumarkt am Wallersee zum Kloster Mondsee
195		Ein Radweg von Regensburg nach St. Wolfgang

Geleitwort von Bischof Dr. Rudolf Voderholzer

Das Bistum Regensburg steht unter dem besonderen Patronat des heiligen Wolfgang, der von 972 bis 994 in der Donaustadt außerordentlich segensreich als Bischof gewirkt hat. Ihm verdanken wir nicht nur die Gründung einer Domschule (und damit auch die Domspatzen), sondern auch die Intensivierung des geistlichen Lebens im Klerus und in den Klöstern, die Trennung der Ämter des Klostervorstehers (Abt) und Bischofs sowie nicht zuletzt die Gründung des Bistums Prag nach der Entlassung der böhmischen Gebiete des Bistums Regensburg in die Selbständigkeit. Wolfgang war ein Bischof von europäischem Format.

Dass er in Regensburg hoch geachtet ist und sein Andenken auf vielfältige Weise begangen wird, ist vor allem den zahlreichen Initiativen meines Vorgängers Bischof Dr. Rudolf Graber (1962–1982) zuzuschreiben. Wie ein roter Faden ziehe sich das Bemühen um die Hebung der Wolfgangsverehrung durch sein Wirken, resümiert unser Diözesanhistoriker Werner Chrobak.[1]

Schon für sein Primizbild hatte sich der aus dem Bistum Eichstätt stammende Rudolf Graber eine Wolfgangsdarstellung ausgewählt! Während seiner Amtszeit belebte Bischof Rudolf die Wolfgangsverehrung unter anderem durch:

- die rege Teilnahme an Jubiläumsveranstaltungen der vielen Gedenk- und Wallfahrtsstätten, die im Laufe der Jahrhunderte zu Ehren des heiligen Wolfgang im Bistum Regensburg und auch in Tschechien und Österreich entstanden sind;
- Einführung der Wolfgangswoche Ende Juni, bei der alle Stände, Verbände und kirchlichen Vereine zum Grab des hl. Wolfgang pilgern und, versammelt um seinen Schrein, in den Anliegen der Kirche von Regensburg, vor allem aber für die Neupriester beten, die am Ende der Wolfgangswoche im Dom geweiht werden,

---

1 Vgl. Werner Chrobak, Bemühungen und Initiativen zur Förderung des Wolfgangs-Kultes. 1962–1982, in: Georg Schwaiger / Paul Mai (Hg.), Lob des heiligen Wolfgang. Mönch – Bischof – Bistumspatron – Patron auch für Europa, Regensburg 1984, 13–45, hier: 44.

• und die Stiftung der St. Wolfgang-Verdienstmedaille für Laien, die sich in besonderer Weise für das Bistum verdient gemacht haben.

Den Höhepunkt bildet in diesem Zusammenhang die Tausendjahrfeier der Gemeinde St. Wolfgang am Abersee im Jahr 1976. Das Bistum Regensburg organisierte eine Reliquienfahrt von Regensburg nach St. Wolfgang. Der Schrein mit den Gebeinen des hl. Wolfgang ging somit nahezu den gleichen Weg, wie ihn der hl. Wolfgang 1000 Jahre zuvor zu seinen Lebzeiten als Missionar und Seelsorger selbst gegangen war. In seiner Predigt beim feierlichen Pontifikalamt zum Abschluss der Jubiläumsfeierlichkeiten in St. Wolfgang betonte Bischof Rudolf Graber, dass der heilige Wolfgang ein Brückenbauer zwischen Gott und den Menschen und für die Völker des ganzen mitteleuropäischen Raumes gewesen sei.[2]

Wenn wir uns heute manchmal schwertun mit dem Projekt der europäischen Einigung, kann uns ein Blick auf diesen heiligen Bischof des ausgehenden ersten Jahrtausends wegweisend sein. Nun halten wir mit dem Buch über den Wolfgangsweg von Maximilian Bogner einen Reiseführer in Händen, der uns von Regensburg nach St. Wolfgang in Österreich geleitet und uns dabei viele Stätten des Wirkens und der Verehrung des Regensburger Bistumspatrons aufzeigt.
Als gerade neu ins Amt berufener Nachfolger von Bischof Rudolf Graber freue ich mich sehr über die Initiative von Maximilian Bogner. Ich hoffe, dass sein Buch viele Menschen für die Wallfahrt zu Ehren des hl. Wolfgangs begeistert und dass sie sich von der Demut und der Glaubenskraft Wolfgangs anstecken lassen. Gerne erteile ich allen, die sich mit Maximilian Bogners Pilgerbuch auf den Weg machen, meinen bischöflichen Reisesegen.
Regensburg, 01. August 2013

+ Rudolf

Bischof von Regensburg

---

2 Rudolf Graber, St. Wolfgang. Ruhm der Stadt Regensburg, Trost Österreichs, Fürsprecher Böhmens, Predigt vom 31. Oktober 1976 in St. Wolfgang am Abersee, in: Georg Schwaiger / Paul Mai (Hg.), Lob des heiligen Wolfgang. Mönch – Bischof – Bistumspatron – Patron auch für Europa, Regensburg 1984, 114–119, hier: 117f.

Vorwort des Herausgebers

Die Belebung des Jakobsweges, die Schaffung des Pilgerweges Loccum-Volkenroda und des Ökumenischen Pilgerweges hat in mir die Sehnsucht geweckt, auch die ehemaligen Wolfgangspilgerwege wieder aufleben zu lassen. So kam auch der Gedanke auf, von Regensburg nach St. Wolfgang einen Wolfgangspilgerweg zu beschreiben und wieder mit Leben zu erfüllen. Mir stellte sich nun die Aufgabe, den vielfältigen alten Wallfahrtsspuren nachzuspüren und sie in ein der heutigen Zeit angepasstes System zu integrieren.

Im eingeschränkten Kreissegment mit dem Mittelpunkt St. Wolfgang und dem Kreisbogen, gebildet von München und Regensburg, dem Bayerischen Wald sowie Eferding an der Donau, erwies sich die Erarbeitung als schwierig, ja fast unmöglich. Denn weder die Wolfgangsdarstellungen in Kirchen noch die Wolfgangskirchen selbst oder die dem Heiligen geweihten Wallfahrtsorte ergaben zunächst ein eindeutiges Bild von Wallfahrtswegen. Vielmehr zeigte sich der Raum wie von einem dichten und sich ständig wandelnden Netz von Wegen überzogen, die von 1000 an bis zur heutigen Zeit fast jedmögliche Wegvariante zuließen.

Die nun gefundene Route führt den Pilger auf kurzer und möglichst gerader Strecke von Regensburg nach Süden in das Salzkammergut. Sie orientiert sich bis Landshut an Orten, die von Wolfgang selbst besucht oder später von Pilgern errichtet wurden, folgt von Landshut bis Altötting dem Pilgerweg der Landshuter und Oberpfälzer zum größten bayerischen Marienwallfahrtsort und von dort in das Mattigtal hinein, wo der hl. Wolfgang mehrere Kirchen gegründet hat. Vom Mattigtal aus gibt es schließlich nur eine Passage, die durch die Berge in das enge Tal des Abersees (Wolfgangsees) führt.

Dieses Buch bietet eine grundlegende Darstellung des Weges für Pilger, die den Spuren des hl. Wolfgang zu Fuß oder mit dem Fahrrad folgen wollen. Da gleichzeitig ein Buch von Dr. Peter Pfarl mit der Beschreibung des Weges erscheint, schaue ich weniger auf die jüngere Geschichte der Orte, sondern versuche, das Spirituelle der Religion, gefestigt in Kirchenbauten und Klöstern, sowie das Historische darzustellen. Zugleich ist es mir ein Anliegen, durch eine möglichst genaue Beschreibung und Abbildung in der Karte diesen Weg neu zu beleben.

Mögen viele Pilger sich an der Natur und an den Kunstwerken am Weg erfreuen, ebenso aber auch ihre Spiritualität aus den Orten am Weg stärken und durch die Wolfgangsorte neue Kraft schöpfen.

St. Wolfgang im Glasfenster des Regensburger Domes mit der Burg und der Kirche (Herkunft und Ziel seines Lebens)

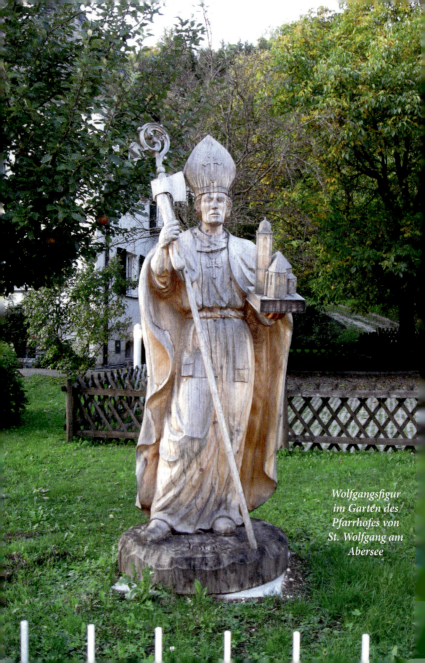

Wolfgangsfigur im Garten des Pfarrhofes von St. Wolfgang am Abersee

Das Kartenwerk

Ich danke der Gemeinschaft von Openstreetmap, deren zahlreiche unermüdliche Mitarbeiter es ermöglichen, eine Karte für den allgemeinen Gebrauch zu erstellen.

Auf dieser Karte hätte ich zwar direkt die Möglichkeit gehabt, den Wolfgangsweg einzuzeichnen, aber leider habe ich bis jetzt noch nicht verstanden, wie so etwas funktioniert. Deshalb lud ich die Kartenbilder von der Internetseite Openstreetmap herunter und bearbeitete sie, indem ich mit einem Bildprogramm den Wolfgangsweg nachträglich einzeichnete.

Daher erkläre ich, dass ich auf der Grundlage von Openstreetmap die Daten des Wolfgangsweges hinzugefügt habe. Der größere Teil wurde also von Openstreetmap geschaffen und die Karte unterliegt somit deren Urheberrecht.

Quelle:
© OpenStreetMap-Mitwirkende
http://www.openstreetmap.org/copyright

*In den Glasfenstern sahen die Erbauer des Regensburger Domes die
Edelsteine der himmlischen Stadt Jerusalem.
So weisen uns die schönen Fenster darauf hin, dass jede Pilgerreise wie
das gesamte Leben als Pilger uns zum himmlischen Jerusalem hinführt.*

Der heilige Wolfgang, ein Kämpfer Gottes im Dienst von Staat und Kirche

Geboren wurde Wolfgang im Jahre 924 als Sohn eines Grafen im schwäbischen Pfullingen. Als Edler wurde er mit sieben Jahren dem Kloster Reichenau zur Erziehung übergeben. Zwölf Jahre lang besuchte er die Klosterschule auf Reichenau und lernte dabei von den Mönchen Fleiß und Nächstenliebe.

Sein Freund Heinrich riet ihm, nach Würzburg zu gehen, um sich dort bei einem berühmten Professor noch mehr in die Wissenschaften zu vertiefen. Von 943 an widmete sich Wolfgang 13 Jahre lang in Würzburg seinen Studien. Und wieder lenkte sein Freund Heinrich, der inzwischen Bischof von Trier geworden war, den Lebensweg des Heiligen. Er berief ihn an seine Domschule als Leiter und ernannte ihn zum Dechant des Domkapitels. Als Bischof Heinrich acht Jahre später starb, verließ Wolfgang die Domstadt und zog in die benachbarte Bischofsstadt und nach Köln. Dort arbeitete er in der kaiserlichen Kanzlei, reiste aber bald darauf zu seinen Eltern und weiter nach Maria Einsiedeln. Im Jahre 966 trat er in das dortige Benediktinerkloster ein, wo ihm die Leitung der Klosterschule übertragen wurde.

Der hl. Bischof Ulrich von Augsburg, der zehn Jahre zuvor (955) die Ungarn in der Schlacht auf dem Lechfeld besiegt hatte, weihte Wolfgang zwei Jahre nach seinem Eintritt in das Kloster Einsiedeln zum Priester (zu dieser Zeit waren nur sehr wenige Mönche Priester), und wiederum zwei Jahre später ging der Heilige auf Weisung seines Abtes Otmar nach Ungarn, um dort in Pannonien den christlichen Glauben zu verkünden. Aber Bischof Pilgrim von Passau nahm ihn bald unter seine Führung, da der Passauer Bischof Ungarn als sein eigenes Missionsgebiet betrachtete.

Obwohl Wolfgang sich als glaubenstreuer und frommer Priester sehr um die Verbreitung des christlichen Glaubens bemühte, blieb ihm der durchschlagende Erfolg verwehrt.

Bischof Pilgrim von Passau lernte ihn dennoch schätzen, und als der Regensburger Oberhirte verstarb, empfahl er Wolfgang als dessen Nachfolger. Ende 972 verlieh der Kaiser dem hl. Wolfgang das Fürstentum Regensburg zu Lehen, indem er ihm an Weihnachten als Reichsfürst Schwert und Ring offiziell überreichte. Im Januar 973 wurde Wolfgang im Dom von Regensburg zum Bischof geweiht und inthronisiert.

Auch als Bischof blieb er im persönlichen Lebensstil der Ordensregel der Benediktiner treu, dem geordneten „ora et labora" (bete und arbeite). So reformierte er die Klöster St. Emmeram in Regensburg und Kloster Niederaltaich an der unteren Donau sowie die Kanonissenklöster Ober- und Niedermünster in Regensburg und übernahm persönlich die geistige Betreuung seiner Weltpriester.

Schon in seinem ersten Jahr als Bischof wurde er gerufen, seinen Freund Ulrich von Augsburg in der dortigen Domstadt zu beerdigen. Zur Erinnerung wurde ihm dessen Ornat übergeben.

Auch stimmte er in seinem ersten Regierungsjahr dem Übergang der weitläufigen östlichen Gebiete in die Selbständigkeit zu, was zur Errichtung der Diözese Prag führte.

Als der bayerische Fürst Herzog Heinrich der Zänker mit dem deutschen Kaiser Otto II. in Uneinigkeit geriet, verließ der hl. Wolfgang für ein Jahr sein Land und seine Kathedrale (er hat aber sicher einen Stellvertreter eingesetzt) und zog sich in das österreichische Kloster Mondsee zurück, das der Diözese Regensburg unterstand. Hier, unter dem Schutz der Benediktinermönche, konnte er für seine exterritorialen Gebiete im heute österreichischen Raum seelsorgerlich wirken. In dieser Zeit gründete er mehrere Kirchen im Bereich des Klosters Mondsee, wie die Kirche des heutigen Ortes St. Wolfgang und die Kirchen von Wieselburg und Steinakirchen in Niederösterreich, und ordnete den Kirchenraum des südlichen Oberösterreich. Es ist anzunehmen, dass auch das Kloster Mondsee während seines Exils durch ihn reformiert wurde.

Nach der Rückkehr in seine eigene Bischofsstadt begleitete er immer wieder den deutschen Herrscher Otto II. auf dessen Reisen und Feldzügen: so kam er nach Frankreich, in die königlichen Hoflager von Saalfeld und Tribur und auch nach Rom und Verona.

Der bayerische Herzog Heinrich der Zänker (nachmaliger Kaiser Heinrich II.), der sich inzwischen mit Kaiser Otto geeinigt hatte, vertraute ihm die Erziehung seiner Kinder an.

Im Jahre 983 gründete Wolfgang in seiner Bischofsstadt das Benediktinerinnenkloster Mittelmünster St. Paul.

Als im schlechten Erntejahr 987 eine Hungersnot drohte, gab er den Armen kostenlos Getreide aus dem bischöflichen Kornspeicher.
Immer wieder begab er sich auf Pastoralreisen, und so brach er auch im Jahre 994 noch einmal auf, um seine exterritorialen Gebiete in Österreich zu besuchen. Aber bei Eferding erkrankte er schwer und starb am 31. Oktober 994 in Pupping.

Die offizielle Heiligsprechung war nach dem Jahre 1000 Privileg der Päpste, zuvor geschah sie durch das Volk oder durch die Diözese. Schon 58 Jahre nach seinem Tod wurde Wolfgang als einer der ersten deutschen Kirchenmänner im Jahr 1052 von Papst Leo IX. offiziell heiliggesprochen.

Wege, die der hl. Wolfgang einst ging

Da der hl. Wolfgang am Bodensee die noch intakten Römerstraßen kennengelernt hatte, stellt sich die Frage, ob er sich bei seinen häufigen Reisen auch überwiegend an diese Wegführung hielt.

Prüfen wir also die dem hl. Wolfgang geweihten Wallfahrtskirchen im Raum zwischen Regensburg und Wolfgangsee daraufhin, ob sie an bedeutenden Wegen des ersten Jahrtausends liegen.

Die Wolfgangseiche in Thalmassing, die gotische Wolfgangskirche auf dem Wolfgangsberg in der Gemeinde Essenbach, die Stephanus- und Wolfgangskirche in Läuterkofen und die ehemalige Wolfgangs-Wallfahrtskirche in Hochhaus bei Haag liegen an der militärischen Römerstraße *pons aeni – castra regina* (Rosenheim – Regensburg.

Die Sterbekirche in Pupping liegt an der Nibelungenstraße und militärischen Römerstraße *boiodoro – ioviaco – laureacum* (Passau – Enns/Lorch)

Was ist aber mit St. Wolfgang bei Dorfen? Dieser Ort liegt an der neuen Route der Verbindung *Rosenheim – Regensburg*. Wahrscheinlich hat der hl. Wolfgang in seinem seelsorgerischen Eifer manchmal Nebenwege entlang der Straßen genommen, vielleicht auch bei seinem Rückzug zur Einsiedelei am Falkenstein. So ein Nebenweg muss die Strecke bereits zur Zeit der Römer gewesen sein: Es ist die B15, welche heute eine der kurvigsten und hügeligsten Bundesstraßen der Republik darstellt.

An einer anderen Art von klassischem Altweg liegt die gotische Wolfgangs-Wallfahrtskirche bei Baumburg. Die Altstraße vom Innübergang in Rieden (Gemeinde Soyen) wie auch vom Innübergang in Attel (Gemeinde Wasserburg) über Obing und Baumburg und Otting und Waging nach Salzburg hin wurde schon zur Zeit der Römer fleißig benützt.
Babensham liegt wiederum an einem Nebenweg nördlich dieser großen Altstraße über das Obinger Hochtal.

Die Wolfgangs-Wallfahrtskirche in Weng im Rottal, in welcher der hl. Bruder Konrad getauft wurde und die er als Bauer gerne besuchte, liegt an der alten Abkürzungsstraße von Künzing über Aldersbach und Asbach nach Braunau am Inn, wo es ja mit einer Altstraße durch das Mattigtal weiter südwärts nach Straßwalchen geht und weiter nach Mondsee, wo die militärische Römerstraße *ovilia – iuvavo* durchführt.

Der Blick auf die Altstraßen lehrt uns, welche Wege der hl. Wolfgang genommen hat. Generell ist zu sagen, dass er Straßen benützte, die schon zur Römerzeit die Hauptwege darstellten.

Daraus lässt sich aber auch schließen: Diese Orte an den Altstraßen sind wahrscheinlich – Babensham vielleicht ausgenommen, ist doch die dortige Kirche vorrangig dem hl. Leonhard geweiht – auf die einstige persönliche Anwesenheit des hl. Wolfgang zurückzuführen.

Wolfgang mit Reliquie in der Pfarrkirche von Pfakofen

Historische Wolfgangsrouten aus dem südostbayerischen und oberösterreichischen Raum nach St. Wolfgang im Salzkammergut

Um dem Leser einen Einblick in die Zeit der Pilgerschaft nach St. Wolfgang am Abersee zu geben und ein Einfühlen in die Vergangenheit zu ermöglichen, möchte ich hier vier Routen vorstellen, welche im Laufe der Jahrhunderte Wolfgangspilgerwege waren.

In der ersten Zeit, als die Pilger nach der Heiligsprechung Wolfgangs im Jahre 1052 seinem Rat folgten, die Kirche aufzusuchen und dort Hilfe zu erlangen, wo er nach dem Tode wirken werde, reisten sie sicher noch auf den alten Straßen der Römer.

So führt die *Westliche Römerstraßenroute Castra regina – pons aeni (im Sinne einer römischen Militärstraße, wie sie auf der tabula peutingeriana verzeichnet ist)* von Regensburg (castra regina) über Paring, Essenbach, östlich von Landshut, Geisenhausen, Velden, Buchbach, Haag, Edling bei Wasserburg und Rott am Inn nach Rosenheim (pons aeni), um von dort mit der *Römerstraße pons aeni – iuvavum-ovilava* gegen Osten über Salzburg (iuvavum) nach Mondsee zu ziehen. Direkt an der Römerstraße nach Rosenheim liegen die Orte und Wolfgangs-Wallfahrtsorte Kloster Paring, St. Wolfgang bei Essenbach, Läuterkofen und St. Wolfgang in Hochhaus bei Haag.

Die zweite Route folgt der *Nibelungenstraße* und zugleich der *östlichen Römerstraße castra regina - boiodoro - iovoaco - laureacum* von Regensburg über Passau (boiodoro) nach Pupping, dem Sterbeort Wolfgangs [er kam allerdings mit dem Schiff dorthin], ganz in der Nähe von Seebach (ioviaco), und der *Römerstraße ioviaco – ovilia* gegen Süden nach Wels (ovilia) sowie der oben schon genannten *Römerstraße ovilia – iuvavum* nach Mondsee.

Eine kürzere Strecke folgt der Nibelungenstraße nur bis Passau, dann geht es den Inn entlang nach Braunau in Oberösterreich und schließlich das Mattigtal bis Mondsee hinauf über Straßwalchen.

Aber schon im 13. Jh. änderte sich der Verlauf. Die *Neuere Römerstraße* wurde bis Landshut nach Osten verlegt und südlich von Landshut wegen der steilen Hügel in Buchbach durch eine neue Straße weiter westlich ersetzt. Die Wolfgangspilger zogen nun von Regensburg über Obertraubling, Alteglofsheim, Neufahrn, Ergoldsbach, Essenbach, Landshut, Taufkirchen, Dorfen, Haag, Wasserburg und Rott am Inn nach Rosenheim. An dieser Straße liegen die Orte und Wolfgangs-Wallfahrtsstätten Alteglofsheim, St. Wolfgang bei Essenbach, die Wallfahrtskirche Hohenpolding, Dorfen mit der Wallfahrtskirche Maria Dorfen, St. Wolfgang bei Dorfen und etwas abseits wegen der nahen Führung der B15 an der ehemaligen Römerstraße die Wolfgangs-Wallfahrtskirche bei Haag, Kloster Rott und die Wolfgangskapelle in der Heiliggeistkirche zu Rosenheim.

Im 14. und 15. Jahrhundert wird von wichtigen Salzwegen berichtet, die Regensburg mit Burghausen verbanden: so der *direkte Salzweg Regensburg – Burghausen* von Regensburg über Neutraubling, Aufhausen, Geiselhöring, Mengkofen, Dingolfing, Frontenhausen, Massing, Neuötting nach Burghausen, von dort per Schiff auf der Salzach.

Ein anderer Salzweg, nennen wir ihn *Eichstätter Salzweg*, verlief südlicher von Neustadt an der Donau über Pfeffenhausen nach

Landshut, von dort zugleich als *Straße der Residenzen* weiter über Geisenhausen, Vilsbiburg, Neumarkt St. Veit und Neuötting nach Burghausen.

Noch weiter im Süden führte der *Freisinger Salzweg* von Freising über Erding, Dorfen, Schwindegg, Ampfing, Mühldorf und Altötting nach Burghausen.

Der *Münchner Salzweg* verlief teilweise in zwei Varianten von München direkt nach Bad Reichenhall: von München über Ebersberg, Wasserburg, Altenmarkt, Waging und Teisendorf nach Bad Reichenhall. An dieser Strecke liegt das Kloster St. Sebastian zu Ebersberg mit seiner großen Sebastianswallfahrt und vor Altenmarkt der Wolfgangs-Wallfahrtsort St. Wolfgang bei Baumburg. Eine Nebenroute von Wasserburg über Trostberg ging nahe an dem Wolfgangs-Wallfahrtsort St. Leonhard bei Schnaitsee, heute Gemeinde Babensham, vorbei. Die zweite Route führte von München über Bad Aibling, Rosenheim, südlich des Chiemsees, Traunstein und Teisendorf nach Bad Reichenhall. An diesem Weg finden wir in Rosenheim die Wolfgangskapelle der Heilig-Geist-Kirche und südlich des Chiemsees auf dem Schnappenberg eine Wolfgangs-Wallfahrtskirche.

Noch im 15. Jahrhundert führte ein viel begangener Weg der Münchner Pilger von Kloster Ebersberg über Kloster Isen und St. Wolfgang bei Dorfen, Sankt Erasmus bei Kraiburg, die Marienwallfahrtstätte Pürten, Oberneukirchen mit einer Wolfgangskapelle an der Kirche, Unterneukirchen, Burgkirchen und die Marienwallfahrt Marienberg nach Kloster Raitenhaslach an der Salzach.

Hochaltar von Neutraubling mit der Assistenzfigur St. Wolfgang

Der Wolfgangsweg
von Regensburg nach St. Wolfgang (282 km)

Für den folgenden Wolfgangsweg gilt:

K = Kirche

⚑K = Kathedralkirche   ⚑ = Kathedrale   🏛◆ = Weltkulturerbe

⚑🏛K = Klosterkirche   ⚑🏛 = belebtes Kloster   ----- = Staatsgrenze

⚑🏛K = Kirche eines säkular. Klosters   ⚑🏛 = säkularisiertes Kloster

🐚 an einem Jakobsweg oder offiziellen Pilgerweg wie VIA NOVA

PfrK = Pfarrkirche   🐚 = Jakobskirche   🐚 = Jakobsfigur

FK = Filialkirche   ⊙ = K. mit Patronat ein. Pilgerpatrons

got. = gotisch   ⊙ = Pilgerpatronfigur

   🔥 = Wallfahrt

bar. = barock   ✂ = Peterskirche

ehem. = ehemalig   🜚 = Wolfgangskirche

ev. = evangelisch   🜚 = Kirche mit Wolfgangsfigur

⚒ = an einer Altstraße   ⚒ = an der ehemaligen Römerstraße

⚒ an der Rompilgerstraße von Etzlaub 1501

Der Wolfgangsweg ist heute ein Weg durch zwei Länder: Bayern und Oberösterreich (mit kleiner Ausnahme: Land Salzburg). Zur Zeit des hl. Wolfgang und noch einige Jahrhunderte danach war es Bayernland, also ging der damalige Regensburger Bischof nur bis an die Grenze des bayerischen Herrschaftsgebietes.

Ausgeschildert ist der Weg mit diesem Schild

*Der Regensburger Dom
mit dem romanischen Turm des ehemaligen Westbaus (ottonischer Dom)*

1. Wolfgangsweg vom Dom in Regensburg zur Wolfgangseiche in Thalmassing

Der Weg verläuft nahe der alten Römerstraße Regensburg - Innsbruck
~ 20,8 km

Regensburg: an der ehemaligen Römerstraße Rosenheim - Regensburg und an der ehem. Römerstraße Regensburg – Passau und an der ehemaligen Salzstraße Neuötting - Regensburg; an der Rompilgerstraße von Etzlaub 1501; am ostbayerischen Jakobsweg

Dom St. Peter (got. Domkirche mit noch romanischem Bauturm)

Klosterkirche St. Emmeram (ehem. Benediktinerabteikirche St. Emmeram, romanische Pfeilerbasilika mit Wolfgangskrypta)

Klosterkirche St. Jakob (kath. Kirche St. Jakob des Priesterseminars, ehem. Benediktinerklosterkirche der Iro-Schotten, romanische Basilika mit drei Chorapsiden)

Stiftskirche zu Unserer Lieben Frau zur alten Kapelle (Stiftskirche Unsere Liebe Frau zur Alten Kapelle, ehem. Pfalzkapelle des Königs mit Kreuzgang, mit heutiger Gnadenkapelle, die ursprünglich dem hl. Jakobus geweiht war. Heute ist darin das mittelalterliche byzantinische Gnadenbild Mariens.)

Dompfarrkirche Niedermünster (frühgot. Grabeskirche des hl. Erhard, ehem. Stiftskirche des Damenstifts)

Dominikanerkirche St. Blasius (got. dreischiffig)

Ägidienkirche: barocke Kirche am Ägidienplatz, deren Wurzel im Mittelalter liegt

Salvatorklosterkirche (got. dreischiffige Basilika des ehem. Minoritenklosters)

Dominikanerinnen-Klosterkirche Hl. Kreuz mit rom. Kreuz am Kreuzaltar

St. Leonhard: rom. Klosterkirche des ehem. Johanniterordens

Kirche St. Kassian: Pfalzkirche der königlichen Ministerialen

Neupfarrkirche: ehem. Wallfahrtskirche zur schönen Maria, dann z. Z. der Reformation ev. Pfarrkirche geworden

Stiftskirche St. Johann: ehem. Taufkirche des karolingischen Doms, wird 1127 Kollegiatsstiftskirche der Augustiner-Chorherren

Karmelitenkirche: Bar. Klosterkirche der Unbeschuhten Karmeliten

Spitalkirche St. Katharina: got. Kirche des aus dem 12. Jh. stammenden Katharinenspitals jenseits der Donau

Der Weg in die Grabeskirche des hl. Emmeram führt über einen kleinen Friedhof mit hohen Mauern.

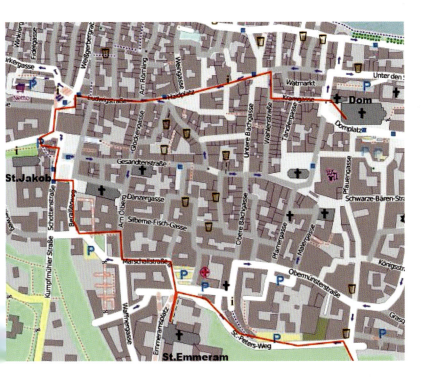

Unser Weg beginnt im Zentrum der Altstadt von Regensburg, das die am besten erhaltene mittelalterliche Großstadt Deutschlands und daher Weltkulturerbe ist ⌂◆. Auch die heutige Bischofskathedrale gehört dazu. Für den Wolfgangspilger ist dieser Dom, den der hl. Wolfgang noch nicht in dieser Architektur erlebt hat, nicht wegen seiner hohen baulichen Qualität der Ausgangspunkt, sondern weil diese Kirche die Bischofskirche des hl. Wolfgang war. Der **got. Petersdom** ✂ entstand im Gebiet der agilolfingerischen herzoglichen Pfalz um 700. Wir betrachten in dem im Stil der französischen Gotik erbauten Dom Darstellungen des hl. Petrus, der Pilgerpatrone Jakobus d. Ä. ♥ und Christophorus ❀ und am Wolfgangsaltar St. Wolfgang ⚘.

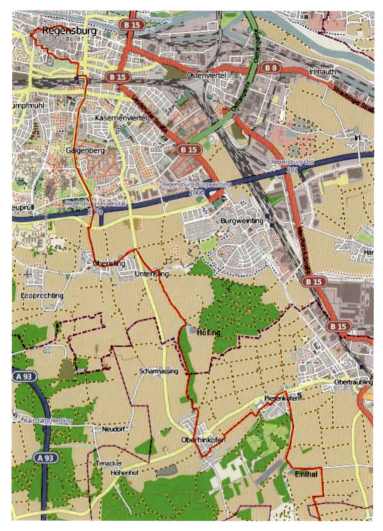

Weiter geht es zur **rom. Jakobskirche** ♣, der Klosterkirche der iro-schottischen Benediktiner. Natürlich finden wir darin St. Jakobus mit der Muschel und dem Wanderstab ♥, aber auch

St. Christophorus ⊙. Die romanische Kreuzgruppe, ehemals über dem Lettner, sei auch noch erwähnt. Der Weg führt uns nun in die Grabeskirche des hl. Emmeram, zum Grab des hl. Wolfgang ⚒⛪. Die romanische Kirche wurde barock ausgestattet und war Benediktinerklosterkirche und zugleich Reichsabteikirche. Heute ist sie eine päpstliche Basilika. Neben dem Nikolausaltar ⊙ sehen wir im Kirchenschiff auch einen Wolfgangsaltar ⚒ und besuchen schließlich in der Wolfgangskrypta ⚒⛪ die Reliquien des hl. Wolfgang im Wolfgangsschrein von 1877.

Gestärkt vom Besuch der drei Kirchen, vom Segen der Heiligen Petrus, Jakobus, Emmeram und Wolfgang, gehen wir nun zum Hauptplatz vor dem Bahnhof und fahren von der Busstation Albertstraße aus mit dem Stadtbus Nr. 3 nach Oberisling.

Will man den Bus vermeiden, geht es zunächst nach Osten auf dem St. Petersweg am Park des Schlosses St. Emmeram entlang, dann geradeaus über den Ernst-Reuter-Platz, rechts in die Dr.-M.-Luther-Straße, über die Galgenbergbrücke, dann über die Bahngleise hinweg und weiter nach Süden auf der Galgenbergstraße bis über die Autobahn. Am Ende folgen wir rechts der Franz-Josef-Strauß-Allee nach Westen, wenden uns noch in der Kurve links den Weg hinauf nach Oberisling (am Ende „Weingartenstraße") und nehmen dann links die Rauberstraße gegen Osten abwärts, falls wir uns nicht entschließen, der barocken Kirche St. Martin von **Oberisling** einen kurzen Besuch abzustatten.

Wenn wir uns für die Busfahrt entscheiden, steigen wir in Oberisling bei der Martinskirche aus. Von dort folgen wir dem Radweg Nr. 9 und gehen nach Osten auf der Rauberstraße über zwei Anhöhen. Nach der zweiten Anhöhe kommt man auf ein freies Feld, wo jenseits der mit viel Verkehr belasteten Kreisstraße

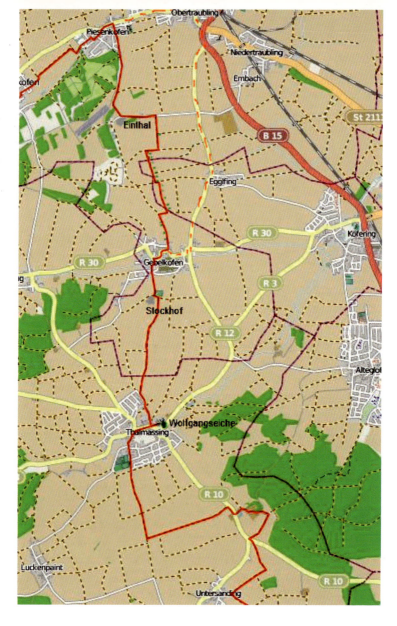

„Untersinger Weg" das Papstkreuz auf dem Islinger Feld zu sehen ist, wo 2006 Papst Benedikt XVI. mit den Regensburgern die Eucharistie gefeiert hat. Im Hintergrund am gegenüberliegenden Donauufer erblicken wir die Walhalla.

Blick zurück auf das Kreuz, bei dem Papst Benedikt die Messe feierte

Nach dem Überqueren der Straße „Untersinger Weg" aber nehmen wir die kleine Abkürzung mit dem diagonal verlaufenden Feldpfad, der gegen Südosten zum Dorf Unterisling führt. Er beginnt 10 m südwärts, jenseits der Hauptstraße „Untersinger Weg".

In Unterisling an die Asphaltstraße gelangt, biegen wir zunächst links ab nach Osten. An der Kreuzung geht es rechts auf dem Radweg „Rundtour Landkreis Regensburg R 9" nach Süden über die Anhöhe (asphaltierter Weg), dann wieder rechts auf einem Feldweg ins Tal, wo uns der Weg südwärts durch das Naturschutzgebiet führt. Im Wald am Bächlein entlang nach **Oberhinkofen** zur got. Pfarrkirche St. Michael. An der Hauptstraße südwärts weiter und auf der neuen Verbindungsstraße nach Wolkering, vorbei an den Sportplätzen und durch den ehemaligen Truppenübungsplatz. Nach der großen Kreuzung im Gelände des Truppenübungsplatzes die Straße nicht rechts zum Moorackerhof, sondern an der Abzweigung links weiter Richtung Wolkering. Nach einer weiteren Kreuzung sehen wir die Wegkapelle St. Maria zwischen hohen Birken, dort biegen wir links in südöstlicher Richtung ab und nehmen die stille Straße nach Gebelkofen. Bei der Gabelung (Höhe 392) nicht links zum Sender, sondern rechts hinab nach **Gebelkofen**, urkundlich erwähnt 1212, mit seiner Kirche St. Johann Baptist.

Die Radfahrer können zur Mutterkirche St. Georg in Obertraubling fahren, wo am Hochaltar die Assistenzfiguren von St. Albert Magnus und St. Wolfgang ⚘ zu finden sind (Ort im 9. Jh. erwähnt, Pfarrei seit 1326), und nehmen dann die R 12 über Egglfing mit der Kirche St. Margaretha (aus dem 13. Jh.) nach Gebelkofen.

Wolfgangseiche bei Thalmassing

Wir gehen die Hauptstraße nicht bis zur Kirche, sondern zweigen im Ort rechts ab und gehen gegen Süden auf asphaltierter

Straße nach **Stockhof** hinauf, um den Sportplatz herum und bei der Bruder-Konrad-Kapelle nach Süden auf den Feldweg, der, gesäumt von Feldkreuzen und einem Gedenkstein anlässlich eines Blitzschlages, nach **Thalmassing** mit seiner Nikolauskirche führt.

> **i** Diese Kirche ist, wie in der ausgehenden Römerzeit oft üblich, aus einer römischen Portisvilla entstanden, es folgten dann mehrere Kirchenbauten. Die romanische Kirche war zur Zeit des hl. Wolfgang noch ein ganz kleines Kirchlein. Im Hochaltarbild ist St. Nikolaus dargestellt, assistiert von den beiden Heiligen Albert Magnus und Wolfgang. Aber auch im Pfarrheim findet man eine schöne lebensgroße Wolfgangsfigur. Sie stammt aus Klausen, wo die Wolfgangskapelle aufgelöst wurde.
>
> Anzuraten ist ein Abstecher nach Westen, genau 2 km von Thalmassing: Dort liegt **St. Bäumel**, die Marienwallfahrtskirche mit der ältesten Darstellung der Immaculata mit den Zeichen Turm, Haus, Schiff und Säule innerhalb der Diözese Regensburg.

Von der Thalmassinger Nikolauskirche wenden wir uns zunächst nach Westen, bei der Kreuzung nach Süden, und dann die Bergstraße südwärts hinauf. Am Sportplatz mündet die Straße in einen Feldweg, diesem folgen wir über die Anhöhe in die Niederung und bald wieder eine Anhöhe hinauf. Dann links nach Osten unter der Starkstromleitung durch nach Neueglofsheim. Die Straße überqueren und unterhalb des **Schlosses Neueglofsheim** auf der asphaltierten Straße hin zur Wolfgangseiche, einem mehr als tausend Jahre alten Eichenbaum. Hier soll der hl. Wolfgang gepredigt haben.

→ Privatbesitz

„Man weiß nicht, ob der hl. Wolfgang dort eine Eiche gefällt oder eine Eiche gepflanzt hat", erklärte der Pfarrer. Darauf antwortete sein Gesprächspartner: „Der Wald war früher voller Eichen, wie die Geschichte von Asterix und Obelix zeigt. Und vielleicht war der Ort dort oben schon eine keltische Kultstätte, sicher aber war unterhalb des Waldes auf der Höhe schon ein freies Feld, so wie heute. Und Sie haben doch vorher erzählt, wie klein die romanische Kirche war. Der hl. Wolfgang kam bestimmt als berühmter Abt oder Bischof nach Thalmassing. Und weil die Kirche so klein war, ging er aufs freie Feld unter dem Eichenhain, so wie der Papst wegen der vielen Leute nicht im Dom zu Regensburg seine Messe gehalten hat, sondern auf dem freien Isslinger Feld. Und sieht man dies unter diesem Aspekt, dann tritt die Frage nach der einzelnen Eiche in den Hintergrund." „So hat dies noch keiner gesagt", erwiderte der Pfarrer.

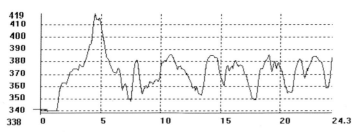

Wolfgangsweg Regensburg - Neueglofsheim

2. Wolfgangsweg von der Wolfgangseiche in Thalmassing zur Klosterkirche in Mallersdorf

Der heutige Weg ist ein Pilgerweg zwischen der ehemaligen Römerstraße im Westen und dem ehemaligem Salzweg im Osten hin zum Kloster Mallersdorf ~ 23 km

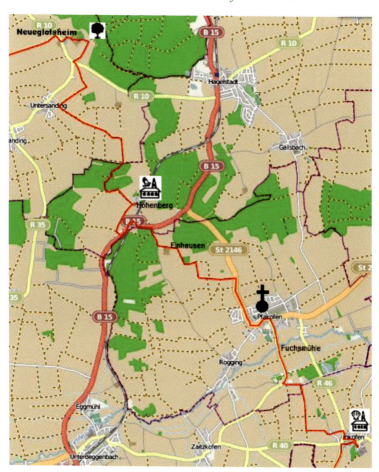

Von der Wolfgangseiche geht es zunächst nach Westen in das Tal hinab, die Alleestraße entlang, dann nach 10 m links in Richtung Südosten auf die Hauptstraße und schließlich rechts auf den Wanderweg H1 nach Südwesten. Auf der Anhöhe nach rechts, Richtung Untersanding.

Östlich des Ortes Untersanding (Kirche St. Pankratius, Bau 17./18. Jh., Südturm aber gotisch) vom Ort weg die Feldstraße aufwärts gegen Osten. Diese Feldstraße führt durch die Flur über zwei getrennt liegende Anhöhen, dann über eine weitere Anhöhe durch den Forst Mittleres Frauenholz, welcher zum Schloss Thurn und Taxis gehört. Bei der Kreuzung geht's immer geradeaus bis zum Gut **Höhenberg** mit der ehemaligen Marienwallfahrtskirche ⚜.

i Die Kirche von Höhenberg liegt an der Bundesstraße, gut sichtbar für jeden Fahrer, der in Richtung Regensburg unterwegs ist. Heute ist sie von einem Pferdehof umgeben.
Im Mittelalter war hier eine große Wallfahrt mit 10 000 Pilgern. Auf dem Friedhof um die Kirche, dessen Gräber aufgelassen sind, ruhen die Gebeine der Soldaten, welche in den Schlachten des Dreißigjährigen Krieges ihr Leben verloren. Am Hochaltar steht das Bild der gotischen schönen Madonna, welche, das Kind auf dem Arm tragend, über dem sich ständig wandelnden Mond steht. Sie, Maria, ist die feste Säule der neuen, erlösten Zeit mit Christus.

Weil die Eisenbahnbrücke für den Feldweg abgerissen wurde, gehen wir von der Kirche den kurzen Weg zurück, aber dann gleich wieder links die asphaltierte Straße hinab zur B15. Wir halten uns links bis zur Eisenbahnbrücke, die wir überqueren, nun über den Parkplatz, dann noch 50 m weiter und schließlich auf einer Kiesstraße rechts hinein nach Einhausen. Bei den Häusern vor den Garagen biegen wir links ab in die schlechtere Feldstraße. Sie führt über viele Ecken zur Hauptstraße, wo man den Blick frei hat auf Aufhausen mit seiner herausragenden Marienwallfahrtskirche und zugleich ehemaligen Stiftskirche der Oratorianer des Philipp Neri. Aber unser Weg führt nicht zu dieser Wallfahrtskirche, sondern rechts nach Süden die St 2146 hinab ins Tal. Hier liegt **Pfakofen** mit seiner Pfarrkirche St. Georg, wo wir Büsten des hl. Nikolaus und des hl. Wolfgang mit jeweiliger Reliquie im Chorraum finden. Diese Kirche ist unser Ziel.

> *i* Pfakofen, dessen Wappen das Andreaskreuz trägt, zeigt etwas von der großen Geschichte seines Ortes auf. Die Geistlichen der Pfarrkirche wechselten immer wieder: entweder sie kamen von Norden, der Alten Kapelle in Regensburg (Kapelle steht hier für Urpfarrkirche / zum ersten Mal in Pfakofen bezeugt im Jahr 1185) oder von der Andreas-Pfarrei in Freising. Zugleich war Pfakofen von 1500 bis 1808 eine bedeutende Hofmark. Die Grafengeschlechter wechselten im Laufe der Geschichte: Valkensteiner, Paulsdorfer, Gumpenberger und von 1526 bis zur Staatsreform im Sinne der Aufklärung die Grafen der Königfelder, deren Grabsteine noch in der Kirche St. Georg zu finden sind. Der gotische Taufstein ist der letzte Zeuge der einst gotischen Kirche St. Georg.

Für den Radpilger lohnt sich ganz sicher der Umweg über die Rokoko-Wallfahrtskirche Aufhausen und dann über Schlappmühle und Haid nach Inkofen.

i Aufhausen liegt an der „Ochsenstraße", der ehem. Salzstraße des späten Mittelalters von Neuötting über Dingolfing nach Regensburg. Der Ort hoch über dem Flusstal war 769 schon eine Hofmark der Agilolfinger, später ein karolingischer Königshof. Um das Jahr 1031 war es Hofmark des Domkapitels von Regensburg und im Besitz des Klosters St. Emmeram in Regensburg. Ende des 17. Jahrhunderts wirkte dort ein Pfarrer Seidenbusch, der neben der Pfarrkirche St. Bartholomäus eine eigene Kapelle für Abendandachten errichtete. Schon bald verbreitete sich die Kunde von erhörten Gebeten beim Marienbild. Als dieser Priester auf einer Pilgerreise nach Rom die Priestergemeinschaft des Oratoriums des Philipp Neri kennenlernte, trat er dieser Weltpriestergemeinschaft bei. Als die Fürsten ihm den Unterhalt für eine Priestergemeinschaft gewährten, kamen mehrere Priester des Oratoriums, in Aufhausen „Nerianer" genannt, in den Ort und es wurde ganz offiziell 1695 ein Oratorium mit eigenem Propst errichtet. Die Pröpste förderten die Wallfahrt, so dass sie stark aufblühte und 1736 bis 1740 die große Stiftskirche, heute Wallfahrtskirche Maria Schnee ⚜ genannt, gebaut werden konnte. So wurde das kleine Gnadenbild auch nach dem Vorbild des Gnadenbildes von Rom „Maria Schnee" genannt, obwohl es diesem Gnadenbild der Kirche Santa Maria Maggiore von Rom nicht nachgebildet worden war. Heute ist in die Räume des Oratorianerklosters eine Schwesterngemeinschaft vom kostbaren Blut eingezogen.

Von der Kirche St. Georg in Pfakofen wandern wir zuerst nach Osten (Richtung Aufhausen), aber bei der ersten Kreuzung (angegeben Zaitzkofen 3 km) rechts auf der R 1 nach Süden. Nach der Fuchsmühle geht es nicht schon rechts hinein, wo das Flurbereinigungskreuz steht, sondern über die hier noch sehr kleine Laaber, vorbei an dem abzweigenden Flurweg links und erst nach

Wolfgangsfigur mit Reliquie

der Kurve links auf die asphaltierte Straße. Bei der Baumreihe dann den zweiten Feldweg rechts nach Süden, bis er als asphaltierte Straße zweimal von Feldwegen gekreuzt wurde. Bei der zweiten Kreuzung auf dem Feldweg links nach Osten, bei der Gabelung innerhalb der ersten Siedlung weiter nach Osten, dann beim größeren Flurweg rechts nach Süden, dann gleich an der Hauptstraße links bis zur im Ort **Inkofen** befindlichen großen Fabrik. Davor die R 46 überqueren und zur großen Malzfabrik und zur Jakobskirche.

> Die Jakobskirche ❧ liegt auf dem Gelände der Malzfabrik. Sie war einst eine Schlosskirche und zeigt uns mehrfach den hl. Jakobus wie auch den hl. Alexius ❧. Außerdem gibt es in der Kirche Wallfahrtsbilder, so den gegeißelten Heiland von Wies und das Bild Maria Hilf. Demnach ist sie eine ehemalige Pilgerkirche.

Den Radpilgern empfehle ich, von Inkofen auf der R 40 bzw. SR 50 über Allkofen (K St. Michael) nach Obergraßlfing zur barocken Filial- und Wallfahrtskirche Mariae Himmelfahrt ❧ zu fahren. Von dort nach Süden die Straße über Grafentraubach (Kirche St. Pankratius) und den Laabertal-Radweg aufwärts nach Westen, vorbei an der Nikolauskirche ❧ zu Steinkirchen nach Mallersdorf.

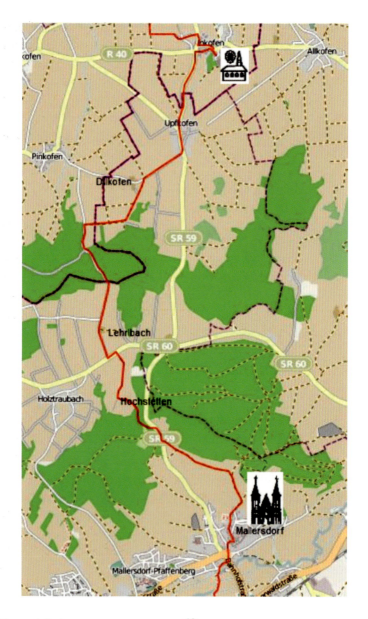

Von der Jakobskirche gehen wir zurück zur R 46 und auf dieser gegen Süden nach **Upfkofen** mit seiner Martinskirche mit neugotischer Ausstattung, deren Wurzel aber in romanischer Zeit liegt. In Upfkofen weiter südwestlich in Richtung Dillkofen. An der Wegsäule vorbei und kurz vor Dillkofen nach Süden den Asphaltweg bis zum Ende. Er trifft auf einen quer verlaufenden Feldweg. Diesem folgen wir nach rechts gegen Westen hinauf. An der Feldwegkreuzung oben nach links, die Kiesstraße südwärts. Diese Forststraße hinab und über **Lehrbach** an die SR 50. Auf dieser Straße geht es zunächst nach links und nach 50 m an der Abzweigung rechts gegen Süden nach **Hochstetten**. Durch den Hof von 1833 hindurch und ostwärts die ältere asphaltierte Forststraße entlang, die sich zur kiesigen Forststraße wandelt und hinaufführt zur SR 59. Oben über die Kuppe auf der SR 59, wobei man einen schönen Blick auf das Kloster Mallersdorf hat, und vor der abfallenden Kurve links die Feldstraße hinein. Sie führt direkt zum Kloster **Mallersdorf** ⛪🏛. Nun geht es ohne Abzweigung zur Klosterkirche St. Johann Evangelist, die den Eintretenden mit einem romanischen Portal empfängt.

> *i* Mallersdorf beeindruckt heute durch das Zeichen der Ordensschwestern, die auf der Brust das Wort „*Caritas Christi urget nos – Die Liebe Christi drängt uns*" tragen. Dieses Zitat aus 2 Kor 5,14 schmückt auch den Torbogen des Klosters. Ein Blick über den Hügel mit seinen eindrucksvollen Gebäuden führt uns deutlich vor Augen, welch großes Werk aus diesem Lebensmotto entstanden ist. Bereits die Anfänge des Klosters Mallersdorf lassen seine spätere Größe erahnen: Entstanden aus dem Kloster Niedermünster zu Regensburg, in der ersten Hälfte des 12. Jahrhunderts, löst sich das Benediktinerkloster hundert Jahre später von Regensburg und unterstellt sich

Bamberg, wobei es unter päpstlichen Schutz gestellt wird. Zugleich reformiert sich das Kloster zu dieser Zeit im Sinne der cluniazensisch-hirsauischen Klosterreform. Papst Innozenz II. forderte in dieser Reform das Mönchsein als Gott wohlgefälligen Dienst, die Reinheit der Religion und die Unversehrtheit der Mönchsordnung gemäß der Regel des hl. Benedikt. Daraufhin blühte das Kloster in den nächsten hundert Jahren stark auf. Aber es kam auch wieder der Rückgang, und 1596 blieben nur drei Mönche, die sich nicht dem Protestantismus, der das Ordensleben in der Zeit der Reformation auflöste, zuneigten. Mönche aus dem Kloster Ebersberg wechselten nach Mallersdorf über und es ging danach wieder aufwärts. Aber hundert Jahre später verwüsteten die Schweden Kloster und Kirche, zerstörten beinahe alles. Die Mönche restaurierten und bauten es jedoch wieder auf. Sie schmückten ihr Kloster im Stil des Rokoko aus und lebten hier bis zur gewaltsamen Aufhebung durch die Säkularisation im Jahr 1803.
– Caritas Christi urget nos – Die Liebe zu Christus ließ nach allem Niedergang immer wieder ein harmonisches Werk entstehen.

In dieser Rokokokirche des hl. Johannes Evangelist finden wir den Apostel Jakobus ⬥, den hl. Nikolaus ⬥, den hl. Christophorus ⬥, den Schutzengel, der das Kind durch das Leben führt ⬥, sowie die Marienbilder „Mutter vom Guten Rat" ♦ und „Maria Hilf" ♦. Neben der schönen Kunst des Ignaz Günther erfreuen den Pilger die zahlreichen Pilgerheiligen und die Wallfahrtsbilder von Maria. Es ist, als sei die Kirche schon ein irdisches Abbild des Himmels, in dem Christus herrscht, zu dessen Ehre dies alles geschaffen wurde - Caritas Christi urget nos -.

Fast 70 Jahre später kam der pfälzische Pfarrer und Dekan Dr. Paul Josef Nardini mit seinen von ihm gegründeten Franziskanerinnen von der Heiligen Familie hierher, und daraus entwickelte sich das heutige große Kloster der Mallersdorfer Schwestern – *Caritas Christi urget nos* -.

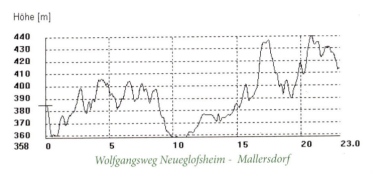

Wolfgangsweg Neueglofsheim - Mallersdorf

Klosterkirche Mallersdorf

Altar der Wolfgangskirche zu Essenbach

3. Wolfgangsweg von Kloster Mallersdorf zur Wolfgangskirche in Essenbach

Der Weg folgt einem Verbindungsweg von Mallersdorf zur Wolfgangskirche in Gerabach und von dort zur Wolfgangskirche in Essenbach ~ 31 km

Vom Kloster aus wandern wir die steile Straße bergab zum Brunnen, dort links nach Süden und biegen in der Kurve vor der Apotheke rechts ab in die Bachstraße und nach etwa 500 m links über die Brücke in den „Wiesenweg". Über den Kanal hinweg und am Kanal entlang, bis beim Zeichen der Gasleitung ein Feldweg zur Kirche der zwölf Apostel in **Niederlindhart** führt. Vor der Kirche geht es links gegen Süden auf der Asphaltstraße über **Hainkirchen** mit der Kapelle St. Maria von Altötting in den Wald zum Sendemast auf der Höhe und auf der Forststraße hinab nach **Unterellenbach**. Dort auf der SR 57 links nach Osten und bei Breitenhart rechts südwärts auf der Flurstraße über die Anhöhe und dann auf der zweiten Anhöhe nach Osten zur Forstwegkreuzung. Dort wieder rechts nach Osten auf einer asphaltierten Flurstraße nach **Greilsberg** mit seiner Nikolauskirche. Diese Kirche zeigt im Mauerwerk manche Stellen ohne Verputz, um ihr romanisches Alter kundzutun.

Nun wandern wir südwärts auf der LA 28 nach **Penk** mit seiner Marienkapelle. Wir wenden uns auf der einzigen kurvigen Dorfstraße nach links. Sie mündet in einen Feldweg, der auf der östlichen Talseite am Hang entlangführt. Nun an der Kläranlage vorbei und auf Asphalt zur kleinen Straße, die links südöstlich nach Gerabach leitet. Dort angekommen, folgen wir der Wolfgangstraße zur Wolfgangskirche von **Gerabach** hinauf.

> Gerabach besitzt ein kleines Kirchlein am Berghang, so wie auch das ganze Dorf am Berghang liegt. Gar nichts Besonderes, kein großer Turm, kein großartiges Portal, kein sehenswerter Friedhof, keine große Aussicht von der Kirche. Und doch gibt es in dieser Kirche Dinge, die gefunden, entdeckt werden wollen.

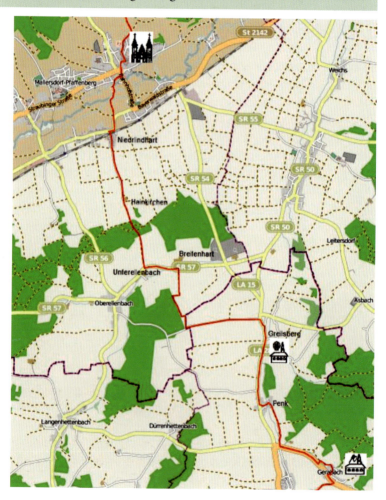

ⓘ Kommt man vom Parkplatz oberhalb der Kirche und geht auf der Südseite zum westlichen Portal, fällt die Art des Verputzes auf. An drei Stellen fehlt der Putz: einmal, um eine alte Türe anzuzeigen, dann, um schräg liegende Ziegelsteinreihen kundzutun, und das dritte Mal, um ein romanisches Fenster aufzudecken. Was bedeuten aber die schräg liegenden Ziegelsteinreihen? Sie erinnern an römisches Mauerwerk, obwohl sie romanisch sind! Wenn man die Kirche betritt, fällt auf, dass die Gliederung der Kasettenholzdecke ein Kreuz im Langhaus ergibt.

Die Kirche beherbergt mehrere Wolfgangsfiguren und im Hochaltar ein sehr schönes Gemälde des Heiligen. Auch ein seltenes Hausaltärchen mit St. Wolfgang hat hier seinen Platz gefunden. Das Wertvollste für Pilger ist jedoch nicht das kostbare liturgische Gerät, sondern die Wolfgangsreliquie in der Strahlenmonstranz, die hinter Gitter in der Mauernische an der Südmauer neben dem Seitenaltar steht. Weitere Reliquienkästen finden wir auf den Seitenaltären. Also ist auch dieses Gotteshaus eine alte Pilgerkirche.

Das Kreuz an der Decke spiegelt das Leben der Kirche wieder: Man weiß heute aufgrund der Mauern von häufigem Umbau, man weiß von der Zerstörung der Kirche durch die Schweden und vom Einbruch des Triumphbogens samt dem Gewölbe des Chorraumes in der zweiten Hälfte des 19. Jahrhunderts.

Was wissen wir nun über den Standort dieser Kirche? Der Kirchenführer gibt an, sie sei an der ehemaligen Salzstraße von Salzburg nach Regensburg errichtet worden, weil bei der Kirche ein Brunnen ist. Aber was bedeutet dann der Graben links um die Wolfgangskirche?

Beides lässt an eine Kleinburg, einen gesicherten Meierhof, denken, aus dem die Wolfgangskirche entstanden ist. Der zurückgebliebene Hausbrunnen diente dann später den Pilgern dazu, ihren Durst zu stillen und Wasser für die Reise zu schöpfen.

Von der Wolfgangskirche zu Gerabach geht es weiter auf der Wolfgangsstraße abwärts bis zur ersten Kreuzung, links die Bachstraße und rechts die St. 2328 überquerend, die kleine Straße hoch und hinunter nach **Bayerbach** mit der neugotischen Kirche Mariae Unbefleckte Empfängnis. Bayerbach, gegründet im 8. Jahrhundert, war einst eine offene Hofmark. Davon zeugt noch das im Ort stehende Schloss Peuerbach.

Im Ort nehmen wir die Straße links, die gleich im Talgrund nach einer harten Biegung westwärts führt. Hinter dem Bach halten wir uns links auf der Dorfstraße, bei der Kurve wieder links, wir überqueren das kleine Bächlein Mühlgraben und gehen rechts auf dem Wanderpfad am Bach entlang. Der Pfad mündet in die Pramerstraße. Dieser folgen wir bis zum Ortsteil Feuchten und biegen dort in die asphaltierte Straße links nach **Hölskofen** ein. Im Ort angekommen, geht es rechts Richtung Paindlkofen (es lohnt sich, bis zum Ende der Dorfstraße zur Antonius-Wallfahrtskirche ⚜ zu gehen, dann wieder zurück bis zur Abzweigung Richtung Paindlkofen), aber auf der Höhe links nach **Winkelmoos**. Dort auf der wenig befahrenen Straße Paindlkofen ♣ Moosthann zur Jakobskirche ♣ in Moosthann hinunter.

i Die Wallfahrtskirche St. Antonius von Padua wurde 1712 vom Ortspfarrer erbaut, weil der Legende nach ein Antoniusbild, das vom „Wunderacker" weggetragen worden war, wieder auf seltsame Weise zu diesem zurückkehrte. Die kleine Kirche auf dem Hügel ist ein Schatzkästchen des Rokoko. Nicht überladen und doch reich an Religiosität. Da findet sich am Hochaltar das Antoniusbild in einem Herzen, umgeben von vier Puttenengeln, und der Auszug des Altars zeigt die Krönung Mariens durch die Hl. Dreifaltigkeit. Unten, im Altarvorbau, ist das Wunder mit dem Esel dargestellt. So zeigt der Hochaltar

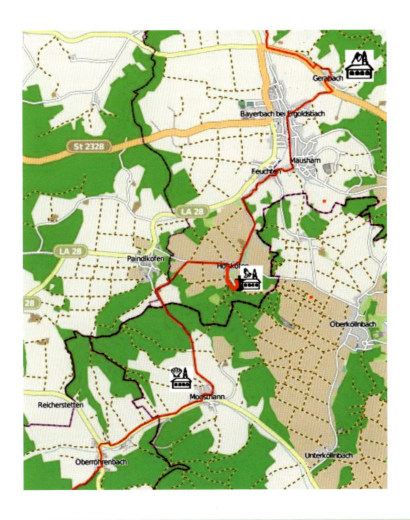

eindeutig unser aller Berufung an: hier auf Erden, geheiligt durch die Eucharistie, ein Mensch von gütigem Herzen zu werden, dessen Leben dann im Himmel gekrönt wird.

Das betonen auch die kleinen Eckfiguren unten am Hochaltarbild: der hl. Josef links und der hl. Johann Nepomuk rechts.
Die beiden Säulenfiguren beten das Heilige an: ein Vorbild, sich Zeit zu nehmen, nicht nur für die Arbeit und die sportliche Freizeit, sondern auch Zeit zu finden für die Anbetung des Heiligen.
Antonius ist nochmals als Beschützer des Volkes im Medaillon der Decke dargestellt, und hinten am Chor in einem Medaillon der Namenspatron des Pfarrers, der hl. Wolfgang.
Das Kircherl beherbergt noch zwei schöne Klosterarbeiten: ein Maria-Hilf-Bild und eine Herbergssuche. Zum Herbergsbild passend auch ein Rokokogemälde von der Familie Joachims: zwischen Joachim und Anna auf einem Stockerl die kleine Maria, über der wiederum im Hintergrund der Hl. Geist als Taube schwebt.
Das Wertvollste aber ist die Rokokotüre, reich verziert mit einem Rankenwerk aus Blattern. Schön daran ist, dass man bei verschlossener Kirchentüre ein Guckfenster öffnen und so einen Blick in dieses schöne Heiligtum werfen kann, um Antonius zu grüßen.
Nach Verlassen der Kirche lohnt es sich, den Blick nach Norden und Nordosten streifen zu lassen: Die Sicht ist frei bis zum Bayerischen Wald.
Leider ist der alte Kirchenweg von der Antoniuskirche über die Höhe (480 m) im Forst nach Moosthann in seinem Mittelteil total verwachsen, so dass dem Pilger nur der Weg über die Asphaltstraßen bleibt.

Will man die schöne Antoniuskirche aber nicht besuchen, geht es am Ortsanfang von Feuchten zunächst weiter auf der Armannsberger Straße Richtung Armannsberg und bei der nahen Kreuzung dann rechts auf die Vogelbergstraße. Diese mündet in die kleine Landstraße nach Hölskofen, dessen Antonius (von Padua)-Kirchlein man sieht. Auf dieser Straße nun kurz nach rechts, dann links auf dem Feldweg, der sich den Berg hinaufschlängelt und oben an der Ostseite des Waldes wieder zu einer kleinen Straße führt. Dieser Straße folgen wir nach rechts und biegen gleich wieder links ab in das einmündende asphaltierte Sträßchen hinauf nach **Winklmoos**. In Winklmoos links die Straße Richtung Moosthann mit schönem Blick auf die andere Talseite mit dem Gut Kirchthann und seiner kleinen Sebastianskirche. In **Moosthann** schließlich ist die Jakobskirche ♥ unser Ziel.

i Moosthann selbst entstand im 8. Jahrhundert durch Rodung und Besiedelung. Es liegt im Höhrnbachtal, einem Ausläufer des Isarmoores, zugleich aber auch vor dem aufsteigenden Wald. Dies wird deutlich im Namen des Ortes durch die Verbindung der Worte „Moos" für Sumpf und „Thann" für den dahinterliegenden und zum Teil gerodeten Wald. Noch heute nennt die dortige Bevölkerung den Ort „z Thann".

Von Anfang an war dieser neu der Natur abgerungene Ort samt dem Tal um Kirchthann herzoglicher Besitz, zuerst unter dem Zisterzienserinnenkloster Seligenthal zu Landshut. Unter Herzog Otto III. von Niederbayern wurde Anfang des 14. Jahrhunderts Moosthann zur Hofmark, auf dessen Schloss zuerst die Adelsfamilie Harder, dann die Adelsfamilie Jud ansässig war. Erst gegen Ende des 16. Jahrhunderts kam Moosthann wieder in den Besitz des Klosters Seligenthal, was bis zur Säkularisation 1803 so andauerte.

Die Jakobskirche dieses Ortes zeigt sich von außen als schlichte Kirche, beherbergt aber im Inneren eine hochwertige und großartige Rokokokanzel, die ursprünglich für eine Basilika gebaut worden war. Wir finden die Enthauptung und Verherrlichung des hl. Jakobus im Altarbild.

In Moosthann führt die Dorfstraße nach Süden zur LA 10. Leider ist diese stark befahrene LA 10 die einzige Verbindung im Tal, alle Flurstraßen am Berghang enden im Wald oder im freien Feld. Daher bleibt derweil nichts anderes übrig, als auf der LA 10 nach rechts Richtung Westen zu gehen. Allerdings ist schon ein Radweg entlang der Straße geplant. Noch ohne Radweg geht es nun vorbei an der romanischen Kirche St. Ulrich und St. Martin in **Unterröhrenbach**, dem ältesten Bauwerk dieser Region. Weiter westwärts nun die LA 10, dann bei der Gabelung rechts die LA 22 Richtung Mettenbach und in **Oberröhrenbach** beim Vorfahrtsschild rechts nach Westen die Asphaltstraße abwärts.

Will der sportliche Radfahrer den steilen, aber nicht zu hohen Berg zur barocken Wallfahrtskirche des gegeißelten Heilands „Herrgott auf der Wies" 🔥 *hochradeln, so wird diese Anstrengung mit einem Kleinod in schönem Rokoko belohnt. Er muss aber die gleiche Strecke wieder zurückradeln, weil die Forstwege alle im Nichts enden.*

Von Oberröhrenbach geht es weiter auf der asphaltierten Forststraße auf die Anhöhe und beim Flurkreuz links auf der Beton-Flurstraße hinab nach **Oberwattenbach** mit seiner Martinskirche. Am Hochaltar treffen wir in dieser Kirche St. Nikolaus und St. Erasmus als Assistenzfiguren. Also ist auch dies eine Kirche an einem ehemaligen Altweg. Dies ist nicht verwunderlich, sind wir doch nun ins Isartal und damit in ein seit der Jungsteinzeit bestehendes Siedlungsgebiet eingetreten. Im 12. Jahrhundert erwarb das Kloster Mallersdorf hier einen Weinberg und gründete auch ein Spital. Würden wir diesem Altweg weiter folgen, so träfen wir am Rande des Isartales gleich auf die Kirche St. Ägidius in Unterwattenbach.

Von der Martinskirche zu Oberwattenbach kehren wir wieder zurück zu der Straßengabelung, bei der wir abgebogen sind, um die Kirche zu erreichen. Unser Weg aber führt nördlich des Ortskerns vorbei. Daher halten wir uns jetzt links Richtung Martinshaun (dort gibt es eine got. Martinskirche und im danebenliegenden Leonhardshaun eine Leonhard-Wallfahrtskirche). Bei der Abzweigung nach Unterunsbach geht es links die kleine Flurbetonstraße hinauf. Zum ersten Mal seit Regensburg weitet sich der Blick in die Landschaft: hinein in das Isartal mit dem Kernkraftwerk Ohu. Ab der zweiten Anhöhe wandern wir auf einer Asphaltstraße, welche direkt zur Kirche St. Johann Baptist in **Unterunsbach** führt. Dort an der Kirche vorbei abwärts zur Dorfstraße, hier links nach Süden. Diese zweite Dorfstraße führt zur B15. An der B15 entlang gehen wir südwärts bis zum Wirtshaus Johannesstuben, dort überqueren wir die B15 und nehmen auf der anderen Seite die alte Straße nach Artlkofen, die sich heute als Feldweg in Richtung Westen präsentiert.

Will der Fußpilger ohne Umweg zur Wolfgangskirche in St. Wolfgang bei Essenbach gehen, so nimmt er, wie der Radfahrer, den landwirtschaftlichen Weg neben der B15 und geht dann zur Wolfgangskirche nahe bei Essenbach hinauf.

Möchte man den Lärm der Straße meiden, folgt man der alten Straße nach Artlkofen, wie oben beschrieben, überquert geradeaus die erste Flurwegkreuzung weiter hinauf zur Anhöhe, nimmt oben bei der zweiten Wegkreuzung links den fast verfallenen Wiesenweg nach Süden und geht hinab zur neuen Straße nach Artlkofen. Rechts geht es dann nach Westen auf der Fahrstraße und gleich beim neu gebauten Stall wieder links und südwärts den Berg hinauf nach **Hirnkofen**. Oben beim Weiler zwischen Stall und Bauernhof durch und hinter dem Stall rechts die Asphaltstraße hinauf. Beim Silo beginnt die Flurstraße, hinter dem Silo an der Gabelung links in den Wald hinauf, beim Armen-Seelen-Marterl links die sandige Forststraße, welche direkt nach **St. Wolfgang bei Essenbach** zur Wolfgangsklause mit der gotischen Wolfgangskirche ⚐ führt.

Inneres der Wolfgangskirche zu Essenbach

i Leider ist die von einer Mauer umgebene Klause mit Kirche nur sonntags von 13.00 Uhr bis abends geöffnet. So können wir werktags St. Wolfgang nur im Bild oberhalb der Eingangstüre grüßen.

Gemäß einer Urkunde von 931 schenkte der Abt Hitto des Klosters Mondsee dem Abt Baturich des Klosters St. Emmeram für die Domkirche zu Regensburg seinen Besitz zu Heseinpack – heute Essenbach. Bezeichnend ist auch, dass hier die alte militärische Römerstraße von pons aeni (heute Rosenheim) nach castra regina (heute Regensburg) westlich des Hügels vorbeiführte. Auch die heutige B15 nimmt noch diese Route, aber auf der anderen Seite des Hügels. Es ist anzunehmen, dass auf der heute Wolfgangsberg genannten Anhöhe schon ein Posten der römischen Straßensicherung bestand. Und sehr häufig ist aus diesen kleinen Kastellen eine Kirche geworden.

Die Legende sagt nun, dass Wolfgang hier auf dem Hügel eine Rast eingelegt hätte. Dies ist nicht verwunderlich, da man an klaren Föhntagen vom Hügel aus die Alpen sehen kann.

Beim Betreten der Kirche beeindruckt die volle Ausmalung der Wände mit gotischen Bildern, die 1901 wieder freigelegt wurden. Im Langhaus sind an der Nordwand die Geburts- und die Leidensgeschichte Jesu dargestellt. An der Südseite finden wir noch Reste der 12 Apostel und den hl. Wolfgang, dazu in großer Figur den hl. Christophorus. Die Malereien auf dem Chorbogen sind nicht mehr gut erkennbar, nur links außen die große Christophorusfigur. Im Chorraum ist im Norden die Krönung Mariens mit Wolfgang und Valentin gemalt, im Osten die Heimsuchung Mariens und im Süden der 12-jährige Jesus im Tempel und die heilige Familie.

Am Altar stehen leider nach zweimaligem Einbruch nur noch Ersatzstatuen: der hl. Wolfgang stehend, begleitet von den

Assistenzfiguren Notburga und Barbara. Früher waren die Assistenzfiguren die hl. Agnes und die hl. Katharina, in der Mitte der hl. Wolfgang sitzend. Wunderbarerweise war diese barocke Statue gerade auf einer Ausstellung in Regensburg, als die Einbrecher kamen. Nun wird die Figur nur an Festtagen aufgestellt. Außerdem wurden noch Statuen der Muttergottes mit Kind, des hl. Ulrich und der hl. Magdalena gestohlen.

Blick von der Wolfgangskirche zu Essenbach auf Ohu und Mirskofen hin

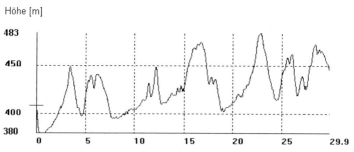

Wolfgangsweg Mallersdorf - St. Wolfgang zu Essenbach

4. Wolfgangsweg von der Wolfgangskirche Essenbach nach Landshut

Der Weg führt uns in die schöne Altstadt von Landshut ⌒ 15,3 km

Von der Wolfgangsklause wandern wir die Flurstraße gegen Süden abwärts bis an die Landwirtschaftsstraße neben der B15. Hier geht es westwärts auf der Flurstraße, die zum Teil schon Siedlungsstraße von Essenbach (mit Kirche Mariae Himmelfahrt) ist, bis zur LA 7. Dort rechts die Straße nach **Mirskofen**. In diesem Ort steht oben am Hügelhang die barocke Kirche St. Salvator. Sie beherbergt zwei gotische Tafeln eines Schnitzaltares, in welche die Reliefs der zwölf Apostel eingeschnitzt sind. Hier ist St. Jakobus ♥ mit der Muschel neben seinem Bruder Andreas zu sehen.

Nun führt uns der Weg auf der LA 6 links Richtung Altheim und unten im Ort zur Pfarrkirche Mater Dolorosa, deren Turm noch gotisch ist. Darin finden wir in der barocken Ausstattung Muschel und Stab: Franz Xaver ◉ tauft mit der Muschel und St. Rochus ◉ hält als Assistenzfigur am Hochaltar den Pilgerstab.

Von der Kirche aus geht es in Richtung Süden weiter auf dem Radweg neben der LA 6 nach **Altheim**. Am Ortsanfang folgen wir dem Radweg nach rechts. Bei der Höhenmarke 396,8 dann auf dem Feldweg rechts nach Westen, bei der zweiten Kreuzung zum Wegkreuz und zum breiten gotischen Backsteinturm der sogenannten Andreasklause ⚜.

> *i* Die gotische St. Andreaskirche liegt vor uns mit ihrem wuchtigen, aus Ziegelsteinen erbauten Turm und einem nach Osten ausgerichteten kleinen Langhaus.

Schon am Eingang des Turmgeschosses steht eine Marienstatue und der Vorraum wirkt wie eine kleine Kapelle: Hier wurde einmal das wundertätige Marienbild „Maria im Schnee" verehrt.
Das Langhaus bietet innen eine genussvolle Augenweide, denn es ist reich ausgestattet mit farbenprächtigen gotischen Gemälden, die das ganze Leben Jesu erzählen. Im Chor ist Christus in der himmlischen Herrlichkeit als Weltenrichter dargestellt. In der Kirche finden sich auch zahlreiche Votivtafeln.
Neben dem Gotteshaus steht die St. Andreasklause, in der eine Eremitin wohnt.

Nun geht es zur großen Bundesstraße, unter der B15 durch und auf der Dorfstraße vor bis zur gotischen Kirche St. Peter ✄ zu **Altheim**. Auch in diesem Gotteshaus finden wir gotische Gemälde und dazu ein kleines Bild des hl. Wolfgang ⚘.

Weiter auf dieser Straße bleiben, dann die Straße rechts nehmen, die St 2074 überqueren und vor der kleinen Kanalbrücke in den Isar-Radweg Richtung Landshut einbiegen. Der Isar-Radweg, immer mit kiesigem Untergrund bis zur Stadt Landshut, schlängelt sich von hier in kurzer Strecke zum Fluss hin und führt dann am Ufer entlang. Gleich auf die Dammkrone gehen: schon ist im Westen der Turm von St. Martin in Landshut zu sehen. Auf der Dammkrone führt der Weg nun in die Stadt Landshut. Wenn man die erste Stadtbrücke sieht, kann man zugleich über den Fluss hinweg bereits Burg und Martinsturm sehen. Unter der ersten Stadtbrücke durch, wobei der Weg sich nun zu einem asphaltierten Radweg gewandelt hat, in der Fluss-Senke links einen Bach überqueren, dann auf der Siedlungsebene gleich wieder links und schließlich geradeaus (kleine Winkel sind darin) über die Kanalbrücke und den Isarsteg. Danach den Isar-Radweg verlassen, rechts die Straße am Friedhof entlang, unter der

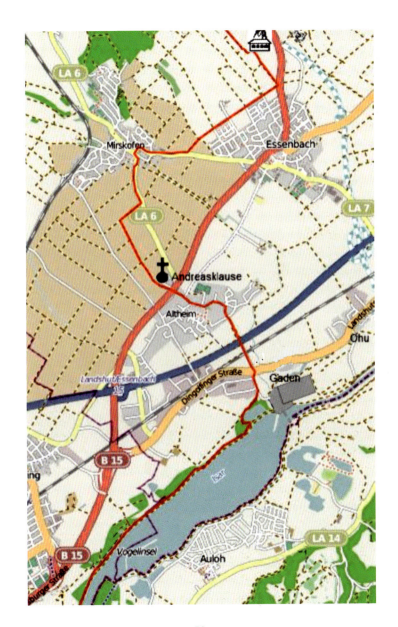

Straßenbrücke durch, links am Elektrokraftwerk vorbei zur nächsten Straßenbrücke. Nun sind wir schon in der Altstadt, im Zentrum von **Landshut** (⚓ an der Salzstraße Neustadt an der Donau – Burghausen und 🚶 an der Rompilgerstraße von Etzlaub 1501), das ein harmonisches Gesamtkunstwerk ist, eines Weltkulturerbes würdig. Die Stadtväter sollten also möglichst schnell ihre schöne Altstadt als UNESCO-Weltkulturerbe bestätigen lassen!

Vor der Brücke links erhebt sich die gotische **Heilig-Geist-Kirche**, heute ein Museum, wo Jakobus als Pilger 🐚 im gotischen Aposteleion zu sehen ist, gegenüber auf der anderen Seite der Straße, die über die Brücke führt, steht das ehemalige gotische Spital.

Der Weg vom Zentrum fort über die zwei Brücken lohnt sich: Kurz dahinter liegt das **Zisterzienserinnenkloster Seligenthal** ⛪🏛, in dessen Abteikirche Jakobus im Pilgergewand 🐚 und Wolfgang mit Beil und Kirchenmodell 🪓 zu bewundern sind, beide an je einem anderen Seitenaltar als große Assistenzfiguren dargestellt. Jeder der vier Altäre trägt auch eine Fülle von Reliquien, Zeichen, dass die Zisterzienserinnen von Seligenthal früher viele Pilger empfingen. Die Afrakapelle mit St. Christophorus ⊙ ist leider nicht zugänglich.

Nun geht es wieder zurück zum Heilig-Geist Spital, über den Stadtplatz, an dessen anderem Ende die gotische **Stiftskirche St. Martin** ⛪🏛 steht. In dieser herrlichen Backsteinkirche mit ihrem sehr hohen Turm finden wir den Reliquienschrein des hl. Kastulus, denn die Stiftsgeistlichen kamen aus dem Kollegiatsstift St. Kastulus zu Moosburg und nahmen den dortigen Heiligen mit sich. Umschreiten wir die Kirche, entdecken wir Jakobus 🐚 als Pilger im Aposteleion des Brautportals. Drinnen sehen wir Jakobus

mit Pilgerstab an der Nordseite über dem Chorgestühl und noch einen Pilgerheiligen mit verloren gegangenem Stab an der Nordseite des Langhauses, wahrscheinlich St. Jodokus.

Heilig-Geist-Kirche zu Landshut

Wolfgangsweg St. Wolfgang zu Essenbach - Landshut St. Martin

5. Wolfgangsweg von Landshut nach Vilsbiburg

Von Landshut bis Altötting gehen heute noch die Oberpfälzer Altöttingpilger entlang der alten Straße der Residenzen. Auch der Wolfgangsweg folgt dieser Route ⁓ 26,5 km

Wir gehen nördlich der Martinskirche entlang und die Kirchgasse weiter (nicht links den zweiten Stadtplatz, der im Mittelalter der Marktplatz der ärmeren Bevölkerung war und der sich heute Neustadt nennt. Auch dieser Stadtplatz hat am jeweiligen Ende seine Kirchen: im Süden die Jesuitenkirche, worin wir den Jesuitenpilgerheiligen Franz Xaver finden, im Norden die Ursulinenkirche), dann geradeaus die Bindergasse, links die Kolpingstraße, welche in die Obere Freyung und in den Platz Freyung, der einem Park gleicht, mündet. Dort steht die gotische Kirche des Pilgerpatrons St. Jodokus mit ihrem breiten Turm. Der Eingang befindet sich auf der rechten Seite.

> *i* Die gotische Jodokuskirche von Landshut steht in der Mitte des Stadtplatzes Freyung. In ihrem Inneren finden wir den Pilgerpatron Jodokus einmal am Hochaltar, wo er in der rechten Hand den Pilgerstab, in der linken ein kleines Brot hält. Ebenso wie Jakobus ist er mit Reisetasche und Pilgerhut mit Muschel dargestellt. Wir finden ihn aber auch im barocken Altarbild als Einsiedler, zu dessen bloßen Füßen sich einige Vögel tummeln und die niedergelegte Krone und ein Zepter liegen. Rechts im Hintergrund steht er vor seiner doppelstöckigen Klause am Fluss und beschenkt einen weiß gekleideten armen jungen Mann, der keine Schuhe hat, aus einem Brotkorb, links hinten sehen wir ihn vor Adeligen stehen und seinen Stab in den Boden stoßen, während einige Hunde erwartungsvoll zuschauen.

Sind die einzelnen Bilder Darstellungen aus dem barocken Legendenschatz (dreimal habe er einem Bettler, der Christus selber war, das Brot gereicht / einer durstigen adeligen Jagdgesellschaft habe er mit dem Stab eine Quelle geöffnet), so sagt das ganze Bild doch eine Wahrheit aus: Jodokus ist im barocken Altarbild nicht in der Zelle, sondern er betet alleine am Fluss. Die zu seinen Füßen liegenden Herrschaftszeichen erzählen von der Ablehnung der Königswürde. Die fast zahmen Vögel und Fische sind ein Sinnbild der Ruhe, die der Eremit in der Einsamkeit der Natur erlebt. Das geöffnete Buch erzählt uns vom Beten, der Stab dazu vom allzeit nötigen Bedürfnis, gestützt zu werden. Im Hintergrund stellt die Szene vor der Zelle das Beraten und den Dienst an den Ratsuchenden dar.

Jodokus war ein Gottsucher. Nachdem er das erste Mal nach Rom gepilgert war, lebte er wieder an einem Königshof, studierte Theologie, wurde zum Priester geweiht und in den höfischen Dienst aufgenommen. Aber Jodokus wollte Gott in größerer Stille finden: Mit Unterstützung des Fürsten zog er in eine Klause, die er zweimal erneuern ließ, jeweils an einem anderen Ort. Bei der letzten Klause angekommen, starb er bald, aber es entstand daraus ein neues Kloster, in dem Mönche nach der Regel „Ora et Labora" des hl. Benedikt lebten.

Jodokus lehrt uns, Gott zu suchen in der Stille, auch wenn es eine lange Lebenswanderschaft ist, um rechten Dienst am Menschen verrichten zu können.

Die Kirche St. Jodokus in Landshut, die nicht nur Bild und Figur, sondern auch Reliquiare des hl. Jodokus beherbergt, zeigt am gotischen Flügelaltar Gottes Heilsgeschichte, in zwei Darstellungen aber gute Werke, welche Menschen tun können und tun sollen. Am Franz-Xaver-Altar und am Sebastians-Altar sehen wir jeweils einen Bischof mit einer Kirche; dies könnten Wolfgang und Virgil sein.

Wir verlassen die Kirche wieder durch die gleiche Pforte, gehen außen entlang, aber nicht zur Dominikanerkirche St. Blasius, die im Stil des Rokoko ausgestattet ist, sondern die Straße weiter, vorbei an der Hl. Kreuzkirche (ehemals Franziskanerinnenkloster, heute Gymnasium), dann rechts auf den Marienplatz, vorbei an der ehemaligen Franziskanerkirche mit Loretokapelle, die heute als rumänisch–orthodoxe Kirche St. Johannes von der Walche heißt. In der Schönbrunner Straße biegen wir kurz vor dem Ende der Kurve rechts ab in den Bernlochnerschluchtweg und am Ende (vorbei am Kinderkrankenhaus) in die Grillparzerstraße. Bei der folgenden Gabelung dann links „Am Ziegelfeld" und am Ende in den Hl. Blutweg, der zur gotischen Kirche **Hl. Blut** führt. Dieses Gotteshaus mit seinen zwei Rundtürmen ist neugotisch ausgestattet.

Radfahrer fahren die Schönbrunnerstraße bis zur Abzweigung rechts in die Hagrainerstraße, wieder rechts die Eichendorffstraße, die einmündet in die Gerhart-Hauptmann-Straße, dann links die Pfarrgasse zur Kirche Hl. Blut.

Von der Hl. Blutkirche nehmen wir den Wanderweg nach Westen in die Rauschergasse, am Ende dann in die Lohreigelgasse, die in die Adelmannstraße führt. Diese wiederum mündet in die Neue Bergstraße. Gleich nach der Tankstelle auf der rechten Seite biegen wir links ab, in den Bründlweg. Bei dessen zweiter Kreuzung zweigt der Bründlweg als Wanderweg rechts ab und führt kräftig bergab, bis unversehens die Wallfahrtskirche Maria Hilf, genannt Maria Bründl, auftaucht. An dieser Stelle hatte man einst eine Quelle entdeckt und ein Maria-Hilf-Bild aufgehängt. Daraus entstand dann 1661 diese Wallfahrtskapelle.

Dr. Peter Pfarl legt den Weg durch Landshut ohne den Besuch der Pilgerkirche St. Jodokus und der got. Kirche Hl. Blut dar: Alte Bergstraße, Straße „Graben", Adelmannstraße, Weichsmannhöhe, Bründlweg.

Hinab zu Maria Bründl

Wir folgen dem Wanderweg von der Marienkirche weiter bergab, auf dem Feldweg nach **Salzdorf** zur gotischen Kirche mit dem schiefen Turm, der hl. Ottilia geweiht, in der eine gotische Vierzehn-Nothelfer-Tafel zu bestaunen und der hl. Rochus zu grüßen ist.

Nun geht es auf der Straße rechts südwärts nach **Berndorf** mit der gotischen Laurentiuskirche. Vor der ehrwürdigen Dorfkirche rechts abbiegen und gegen Osten den Feldweg zum Wald hinauf. Bei der Kreuzung im Wald links, dann die Kiesstraße nicht rechts zu den Häusern von Höhenberg, sondern links von den Häusern weg. Die Straße biegt gleich nach Osten ab und führt zur LA 30. Auf dieser hinab nach **Götzdorf** (mit gotischer Kirche Mater Dolorosa [Schmerzhafte Mutter], welche einen hochwertigen gotischen Schnitzaltar des Laimbergers besitzt, aber leider immer geschlossen ist), aber schon bei den ersten Häusern links

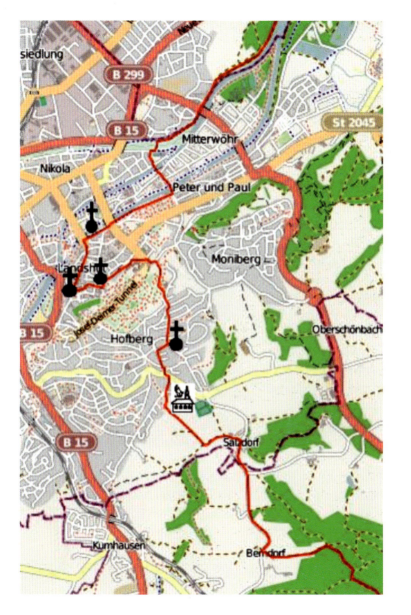

den Kiesweg zur B299. Die Bundesstraße dann überqueren und auf der Asphaltstraße zur Kapelle der Altöttinger Muttergottes und weiter nach **Allkofen**. Dort links gegen Norden zum Wald. Auf der Höhe im Wald rechts auf dem Forstweg (Schild „Forstbetrieb frei") durch den Allkofener Forst zur kleinen Straße von Hoheneggelkofen nach Geisenhausen über **Fimbach** und **Bach** mit seiner ehemaligen Klause (Zugang nicht möglich) und hinein in den Markt **Geisenhausen**.

Radfahrern empfehle ich den Weg von Berndorf zur LA 21 über Siegerstetten und Obergangkofen [mit Abstecher hinauf zur Kirche St. Ulrich. Diese Kirche hat als Assistenzfigur einen Pilgerheiligen am Hauptaltar]. Dann nach Götzdorf mit der Marienkirche und weiter auf der LA 21 bis nach Geisenhausen.

Der Weg in Geisenhausen bis zur gotischen Kirche St. Martin ist leicht zu finden. Dieses Gotteshaus geht sicher auf die Frühzeit des Christentums zurück, weil der Ort an der ehemaligen Römerstraße Regensburg - Rosenheim liegt. Neuere Glasfenster aus dem vorletzten Jahrhundert stellen Pilger dar: all jene, denen hier Gutes widerfuhr, die Speis und Trank und eine Herberge fanden.

Von der Martinskirche wieder zurück zur Marktstraße, gegen Süden weiter , wo die Marktstraße an der Kreuzung endet, dann links nach Osten. Beim Wegweiser „Fußweg Filialkirche St. Theobald" rechts den Fußweg und die Stufen hinauf – *Radfahrer fahren die nächste Straße, die St. Theobaldstr.* – zur Filial- und ehemaligen Wallfahrtskirche St. Theobald.

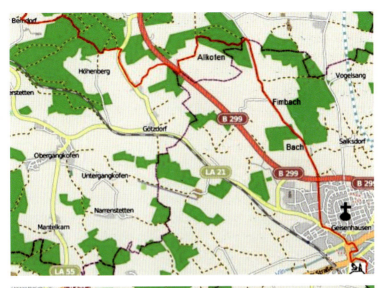

i Dort sitzt der Bischof Ubald (= Theobald) mit geöffnetem Buch auf seinem Thron. Die Wallfahrt zu diesem Heiligen begann, nachdem Rompilger im 13. Jahrhundert ein holzgeschnitztes Bild aus der Toskana mitgebracht hatten. Wer war nun dieser Mann?

Ein italienischer Adeliger mit deutschen Wurzeln, der von seinem Onkel, welcher ihn erzog, ins Kloster San Mariano in Gubbio geschickt wurde und so ein Leben als Kanoniker begann. Bald war er jedoch unzufrieden mit der nicht besonders religiösen Lebensweise der Mitbrüder dieser Gemeinschaft.
So wechselte er und schloss sich der Gemeinschaft der Weltpriester von San Secondo außerhalb von Gubbio an. Als Priester wurde er 1104 durch Johannes von Lodi, der inzwischen Bischof von Gubbio geworden war, zur Mitarbeit an der Reformierung der Kirche berufen und wurde so wieder in das Kloster San Mariano in Gubbio geschickt. Hier gelang ihm die Reform der Mitbrüder, und schließlich wurde er gefragt, ob er in Perugia den frei gewordenen Bischofsstuhl annehmen wolle. Er lehnte ab.
Als aber 1129 der Bischofsstuhl in Gubbio selbst vakant wurde, nahm er das Bischofsamt an. Die Weihe empfing er von Papst Honorius II. Theobald war voller Güte gegenüber den Armen und Kranken, suchte den Frieden und lebte selbst aufrichtig in den Sitten und in armen Verhältnissen, wobei ihm die Reformierung der Priester zu tieferem Glauben besonders am Herzen lag. 1142 schließlich nahm die Priesterschaft von San Secondo die Augustinerregel an, um ein religiös besser geordnetes Leben zu führen. 1155 bewirkte Theobald durch seine Fürsprache bei Kaiser Friedrich I., dass Gubbio nicht zerstört und nicht geplündert wurde.
1162 schon wurde er heiliggesprochen, als Reformbischof und starke Säule der Kirche gegenüber kaiserlicher Macht. Seit dem 13. Jahrhundert wird in Gubbio durch eine Prozession seiner gedacht.

Leider ist die Kirche versperrt. Die St. Theobaldstraße führt um das Areal der Kirche herum. Dann nehmen wir links die Korbinianstraße, rechts die Sebastianstraße, gehen geradeaus in die Hopfenstraße Richtung Irlach und gleich links in die Heckenstraße, wiederum Richtung Irlach. Diese Straße führt außerhalb der Ortschaft bis **Irlach**, wo ein Bahnübergang ist. Diesen Bahnübergang benützen, danach links den Feldweg hinauf, oben beim Obstbaumhain geradeaus nach **Oberrettenbach**. Durch den Ort durch und wieder das Bahngleis überqueren. Auf der folgenden Straße rechts 500 m, dann links die Straße nach **Höhenberg** und weiter bis zur B299, vor der Einmündung rechts die Sackgasse hinab, die in einem Pfad endet.

Auf diesem Pfad geht es weiter, er trifft auf eine Flurstraße, welche die Bahn kreuzt. Hier wieder rechts über den Bahnübergang, danach links und unter der B299 durch (hier ist der Bahnübergang mit einer hohen Brücke überspannt). Danach auf dem Radweg neben der B299 bleiben. Es ist nun nicht mehr weit bis zur Stadt.

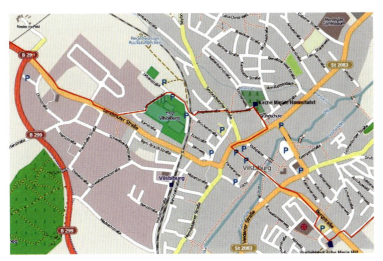

Am Stadtrand angekommen, laufen wir auf dem Gehsteig die Hauptstraße entlang (B299) weiter in die Stadt hinein, aber noch auf der Höhe biegen wir rechts in die Brückenstraße, am Sportplatz vorbei und über die Bahn, danach nehmen wir rechts die Ziegeleistraße, überqueren geradeaus die Seybolderstraße und gehen weiter auf dem Kirchenweg zur gotischen Pfarrkirche Mariae Himmelfahrt von **Vilsbiburg**.

i Die gotische Kirche Mariae Himmelfahrt zu Vilsbiburg mutet wie eine Verkleinerung der Münchner Frauenkirche an. Zwar ist die Zwiebelhaube etwas spitzer und sind die Stützmauern wegen der kleineren Halle gedrungener, aber die Form der runden Sakristei und das Turmende erinnern stark an die Frauenkirche in München, den heutigen Dom.

In den vielen Fensternischen konnten die mittelalterlichen Bruderschaften ihre Altäre errichten. Sie bezahlten auch Priester, welche dann auf ihren Altären die Messe feierten. So nennt der Kirchenführer schon vor 1499 einen Jakobusaltar des hl. Jakobus des Älteren. Und der Visitationsbericht von 1589/90 erwähnt ihn unter 13 Altären immer noch. 1852 wurde er jedoch abgebrochen.

Was finden wir heute in dieser Kirche, die durch ihre Architektur wirkt? Vorne, unter dem langen Glasfenster steht der Vierzehn-Nothelfer-Altar, dessen Schrein neugotisch ist und dessen Figuren aus der Barockzeit stammen. Ein gelungenes Werk, in dem die Kunst verschiedener Epochen sich gut zusammenfügt. Wir erkennen darin Christophorus im Gewand eines Zunfthandwerkers und Ägidius in einem Kapuzinergewand.

Und auch St. Wolfgang finden wir in dieser Kirche: er ist am Reliquienschrein des Katakombenchristen Honoratus.

Von der Kirche Mariae Himmelfahrt geht es die Kirchenstraße hinab zur B299, dann die Frontenhauser Straße, dort rechts die B299, schließlich links durch das Stadttor auf den schönen Stadtplatz. Neben dem Stadtturm steht rechts das ehemalige Hl. Geist-Spital mit der Spitalkirche zur Hlst. Dreifaltigkeit. Dieses Gebäude wurde 1476 vom damaligen Pfarrer von St. Jodok zu Landshut gestiftet. Nun über den Stadtplatz und über die Vils, die „untere Stadt" bis zur Kreuzung, die Kreuzung überqueren und die Bergstraße hinauf, links in den Mariahilfkirchenweg hinein, abermals links die Mariahilfstraße, dann rechts die Krankenhausstraße und zum Heiligtum Maria Hilf ⛰️🏚️🎵 und dem Grab des Kapuzinerpaters Vitrizius Weiß.

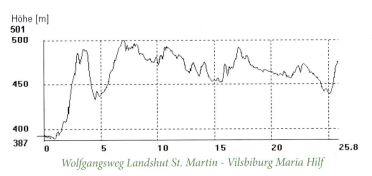

Wolfgangsweg Landshut St. Martin - Vilsbiburg Maria Hilf

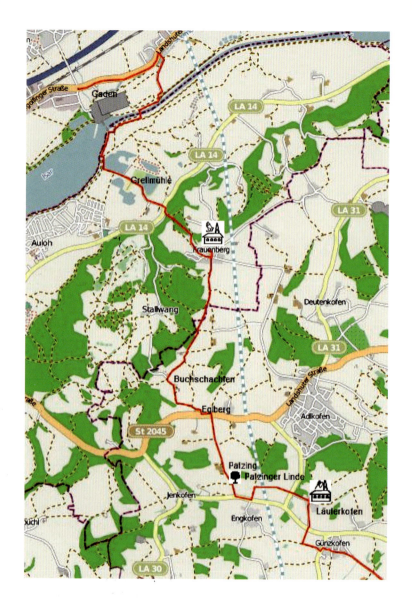

Von der Wolfgangskirche Essenbach über Frauenberg nach Vilsbiburg

Dieser Weg führt ohne Umweg über Landshut nach Vilsbiburg
⌒32,6 km
(gedacht für diejenigen, welche Landshut gut kennen
und daher die Stadt meiden möchten)

Von der Wolfgangsklause wandern wir die Flurstraße gegen Süden abwärts bis an die Landwirtschaftsstraße neben der B15. Hier geht es westwärts auf der Flurstraße, die zum Teil schon Siedlungsstraße von Essenbach (mit Kirche Mariae Himmelfahrt) ist, bis zur LA 7. Dort rechts die Straße nach **Mirskofen**. In diesem Ort steht oben am Hügelhang die barocke Kirche St. Salvator. Sie beherbergt zwei gotische Tafeln eines Schnitzaltares, in welche die Reliefs der zwölf Apostel eingeschnitzt sind. Hier ist St. Jakobus ♡ mit der Muschel neben seinem Bruder Andreas zu sehen.

Nun führt uns der Weg auf der LA 6 links Richtung Altheim und unten im Ort zur Pfarrkirche Mater Dolorosa, deren Turm noch gotisch ist. Darin finden wir in der barocken Ausstattung Muschel und Stab: Franz Xaver ◦ tauft mit der Muschel und St. Rochus ◦ hält als Assistenzfigur am Hochaltar den Pilgerstab.

Von der Kirche aus geht es in Richtung Süden weiter auf dem Radweg neben der LA 6 nach **Altheim**. Am Ortsanfang folgen wir dem Radweg nach rechts und sehen schon bald vor uns die Straße zum breiten gotischen Backsteinturm. Der ganz kurze Abstecher dorthin zur St. Andreasklause ⁂ lohnt sich.

Nun die Straße wieder zurück, unter der B15 durch und auf der Dorfstraße vor bis zur gotischen Kirche St. Peter ⋈ zu Altheim.

Auch in diesem Gotteshaus finden wir gotische Gemälde und dazu ein kleines Bild des hl. Wolfgang 🐾.

Zunächst weiter auf dieser Straße bleiben, dann die Straße rechts nehmen, die St 2074 überqueren. Dahinter kommt der Isar-Radweg von der Kanalbrücke und führt nach Osten. Wir gehen nun auf dem Radweg an der St 2047 entlang bis Ohu. In Ohu führt der Isar-Radweg wieder zurück zum Damm. Am Damm dann rechts, flussaufwärts, über die Nebenflussbrücke und weiter über den Isarsteg. Jenseits des Flusses gen Westen Richtung Landshut. Nach der langen Bretterwand links zur Gretlmühle. Der Pfad mündet in eine Asphaltstraße. Diese trifft auf die LA 14. Rechts in Richtung Westen etwa 50 m auf der Straße gehen, dann bei der Abzweigung nach Frauenberg diese Bergstraße gegen Süden hinauf. Sie ist die ehemalige römische Militärstraße und recht steil. Deshalb ist sie nur wenig befahren.

In Frauenberg bei der Bushaltestelle links hinauf zur Marienwallfahrtskirche 🔔.

> **i** In dieser gotischen Kirche, die an der ehemaligen Römerstraße liegt und wahrscheinlich aus einem kleinen Straßensicherungskastell entstanden ist, steht am barocken Hochaltar eine schöne Madonna als Gnadenbild.
> An der Nordwand befindet sich ein gotischer Schnitzaltar, der Maria mit dem Marienleben preist. In der Praedela, das ist der Schrein über dem Steinaltar, ist ein gotisches Relief vom Tod Mariens angebracht. Hier ist neben Petrus, Johannes und Andreas auch Jakobus d. Ä. 🐚 klar zu erkennen. Und der Wolfgangspilger freut sich, weil eine gotische Wolfgangsfigur 🐾 an der Nordwand ihren Platz gefunden hat.

Hochaltar von Frauenberg

Von der Marienwallfahrtskirche gehen wir zurück zur Straße, überqueren sie und folgen der Kleinstraße nach Martlhaid / Girglhaid. An Martlhaid sowie an Girglhaid führt die Feldstraße vorbei hin zum Gestüt Etz in Etzelshaid. Ab dort ist sie betoniert. Auf dieser Straße weiter, bis sie nach einem weiten Halbkreis an der St 2054 ankommt. Nun nicht den Radweg nach Osten nehmen, sondern etwa 200 m auf der St 2054 links ostwärts, dann rechts gegen Süden nach Parzing abbiegen. Der fast ausnahmslos als Betonstraße ausgebaute Flurweg führt direkt zur Parzinger Linde. Auch dort soll der hl. Wolfgang gepredigt haben.

Nach der Linde weiter südwärts hinunter zur LA 3. Dort lohnt sich ein Abstecher etwa 900 m rechts hinauf zur got. Marienwallfahrtskirche von Jenkofen.

> *i* Jenkofen kam 1416 unter den Schutz der Wittelsbacher. Diese bauten die ehemalige Kirche St. Nikolaus neu und errichteten sie als Marienkirche. Damit stellten sie sich unter den Schutz Mariens, wie eines der runden gotischen Glasfenster heute noch zeigt. Mit dem Vorbild der Herrscher übernahm das Volk diese Verehrung Mariens. Die Kirche zeigt sich noch großteils im alten Gewand: Darum finden wir in ihr reichhaltige barocke Fresken, einen gotischen Flügelaltar mit der Figur Mariens und die beiden gotischen Rundfenster, welche bedeutende Kunstwerke Bayerns sind und eine Kostbarkeit europäischen Ranges darstellen.

Von dieser Kirche aus nun nach Osten oder - ohne Abstecher - von der Parzinger Linde hinab zur die LA 3 und diese links ostwärts für etwa 250 m, dann wieder links gegen Norden für etwa 200 m, schließlich rechts hinauf nach **Läuterkofen,** das ebenfalls an der ehemaligen Römerstraße liegt, zur Kirche St. Stephan und St. Wolfgang. Wir können in dieser Kirche drei Heilige begrüßen: St. Stephanus, St. Wolfgang und St. Christophorus.

Von der Kirche zurück zur Dorfstraße und dann geradeaus. Die LA 3 südlich Läuterkofens überqueren und nach der Kuppe bei der Feldkreuzung links in den Ort **Günzkofen**, ebenfalls

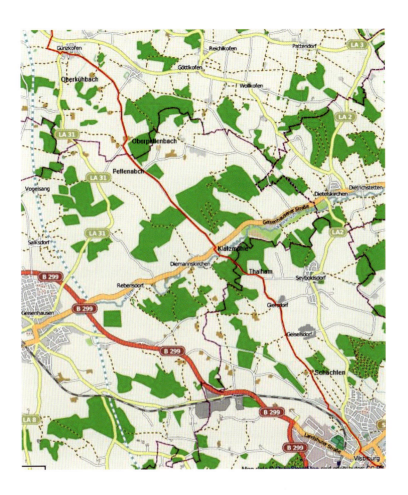

an der ehemaligen Römerstraße gelegen, links die Kreisstraße und gleich rechts die Kirchenstraße, die zur Freude des Pilgers zur Jakobskirche ♣ führt. Die Enthauptung des Jakobus wird im Hochaltarbild dargestellt und am Seitenaltar steht auf der Säule Jakobus oder St. Koloman ◎, während am anderen Seitenaltar eine Figur an den Engel St. Raphael ◉ erinnert.

Die Kirchenstraße nun weiter nach Osten. Diese kleine asphaltierte Gemeindestraße führt direkt nach **Oberpettenbach**. Nach dem Ort beim Flurkreuz links das Tal des Bettbaches hinab. In **Glatzmühle** gelangt man an die St 2054. Auf dieser 50 m rechts nach Westen, dann links gen Süden Richtung Thalham / Seyboldsdorf. Auf der Asphaltstraße die Höhe hinauf, wo man oben schon den spitzen Turm von St. Johann in Seyboldsdorf sieht. Es geht nun wieder abwärts und nach Thalmann rechts auf der kleinen Straße weiter nach **Giersdorf** mit seiner Kirche St. Michael.

In Giersdorf links, dann wieder rechts nach **Geiselsdorf** mit der neoromanischen Kirche St. Stephan. Am Ortsrand geradeaus weiter, auch wenn der Weg sich in einen Feldweg vermindert. Bei jeder Kreuzung ist bereits der Turm der Vilsbiburger Kirche zu sehen, der die Richtung weist. So führt dieser Weg direkt an die Straße in Vilsbiburg, die Seyboldsdorfer Straße, wo im Stadtinnern rechts vor der Kirche der Kirchenweg direkt zur Kirche Mariae Himmelfahrt führt.

Für Radfahrer ist von Thalham aus der Weg über Seyboldsdorf mit seiner wunderschönen neugotisch ausgestatteten Kirche St. Johann Bapt. und St. Johann Ev. zu empfehlen. Von dort führt dann großteils der Radweg neben der LA 2 nach Vilsbiburg hinein zur Kirche Mariae Himmelfahrt.

i Vilsbiburg ist zwar schon mehr als 1000 Jahre eine Siedlung, wurde Anfang des 14. Jahrhunderts als Stadt genannt, war aber wieder geschwächt, so dass es gegen Mitte des 14. Jahrhunderts sein Stadtrecht verlor und im 17. Jahrhundert eine gewaltige Pest erlebte. Dennoch stieg die Macht des Marktes wieder an,

1760 siedelte das Pflegamt von Geisenhausen nach Vilsbiburg über und der Markt hatte wieder ein Marktgericht. 1803 kam auch ein Teil des Landgerichtes hierher. Dennoch wurde der Markt erst 1929 wieder zur Stadt erhoben. Das Aussehen des alten Stadtkerns zeigt aber deutlich, dass die Bürger die Idee der Stadt nie vergessen haben. So kann der Pilger über einen weiten Stadtplatz gehen und findet am nordwestlichen Ende die ehemalige gotische Spitalskirche, die heute ein Museum ist. Auf dem Hügel im Nordosten, oberhalb der Straße nach Frontenhausen, steht die gotische Stadtpfarrkirche Mariae Himmelfahrt, deren Turmspitze den Türmen des Münchner Domes ähnelt. In dieser Kirche mit wenig Ausstattung befindet sich als heutiger Hauptaltar der 14-Nothelfer-Altar von 1852. Vorne im Chor sehen wir aber ein älteres Werk, das wiederaufgedeckte spätgotische Wandfresko mit der Darstellung des hl. Sebastian und ein spätgotisches Holztafelgemälde mit Christus und seinen Aposteln sowie das ehemalige Gnadenbild der Maria mit der Lilie, genannt „Maria Lilgen". Am Platz des linken Seitenaltars ist heute die spätgotische Figur der Schönen Madonna mit Kind, zu ihren Füßen zwei kniende Gestalten: Engel oder Menschen in Anspielung auf die Schutzmantelmadonna?

Hier steht auch der gotische Taufstein aus rotem Marmor. Nicht mehr vorhanden ist der Jakobsaltar: dieser wurde 1852 entfernt. Auf dem südlichen Seitenaltar steht der neugotische Metallschrein eines Katakombenheiligen. An ihm ist eine Figur des hl. Wolfgang angebracht. Über dem Altar sehen wir das Chorbogenkreuz mit den Heiligen Johannes und Maria.

Von der Kirche Mariae Himmelfahrt geht es die Kirchenstraße hinab zur B299, dann die Frontenhausener Straße, dort rechts die B299, schließlich links durch das Stadttor auf den schönen

Stadtplatz. Neben dem Stadtturm steht rechts das ehemalige Hl. Geist-Spital mit der Spitalkirche zur Hlst. Dreifaltigkeit. Dieses Gebäude wurde 1476 vom damaligen Pfarrer von St. Jodok zu Landshut gestiftet. Nun über den Stadtplatz und über die Vils, die „untere Stadt" bis zur Kreuzung, die Kreuzung überqueren und die Bergstraße hinauf, links in den Mariahilfkirchenweg hinein, abermals links die Mariahilfstraße, dann rechts die Krankenhausstraße und zum Heiligtum Maria Hilf ⛴🏛♦ und dem Grab des Kapuzinerpaters Vitrizius Weiß.

i Ein Kaminkehrer, der seinen Berufsweg in Locarno begonnen hatte, dann in Brünn in Mähren und in Landshut arbeitete und schließlich 1678 in Vilsbiburg Arbeit erhielt, errichtete nun als Vilshofener Bürger oben am Berg eine Kapelle mit der Kreuzigungsszene und daneben eine Kapelle mit dem Bild Maria Hilf.

Er hatte in Brünn und Wien die Gefahr durch die islamischen Osmanen erlebt und hatte den Schlachtruf „Maria hilf" bzw. „Jesus und Maria, helft" bei der Schlacht am Kahlen Berg vor Wien am 12. Sept. 1638 als wirkungsvoll erfahren. Auch war er sich der weiteren Gefahr durch die Osmanen bewusst. Aus diesem Bewusstsein heraus errichtete er die Doppelkapelle am Berg. Diese Kapelle erhielt reichlichen Zuspruch, so dass bald der Bau einer großen Kirche nötig wurde.

In der Säkularisation war das Heiligtum in Gefahr, von einigen Aufklärern zerstört zu werden, was aber am Widerstand der Bevölkerung scheiterte. Ende des neunzehnten Jahrhunderts wurde die Kirche erweitert und dabei wurden die Urkapellen abgebrochen. Heute noch ist der Wallfahrtsberg, der jetzt von Salesianern betreut wird, ein geistliches Zentrum der Region.

Unterhalb des Heiligtums steht ein Karmelitinnenkloster ⛪🏛 und in Herrnfelden, im Westen der Stadt, wird in der Kirche St. Nikolaus ⊙ verehrt.

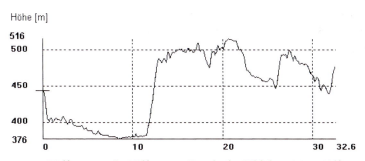

Wolfgangsweg St. Wolfgang zu Essenbach - Vilsbiburg Maria Hilf

Altar der Loretomadonna von Teising

6. Wolfgangsweg von Maria Hilf in Vilsbiburg zum Kloster Neumarkt-Sankt Veit

Der Weg folgt von Vilsbiburg bis Neumarkt St. Veit dem Salzweg bzw. der Straße der Residenzen ⌒ 21,3 km

Von der Kirche Maria Hilf an der B229 entlang zuerst 30 m nach Süden, dann links 10 m ostwärts, rechts in die kleine und kurze Feldstraße einbiegen und schließlich wieder links bei den Schrebergärten auf einem Wiesenweg hinab ins Tal. Bei der Siedlungsstraße geht es rechts, beim Reihenhaus links, den Saliterweg entlang, dann auf der folgenden Kiesstraße durch die Flur. Beim Ahornbaum links die Betonstraße hoch bis zur Höhe, wo sie vor dem Wald auf eine weitere Betonstraße trifft. Nun wieder rechts hinab nach Süden, unter der B388 durch und danach den Feldweg links. Der führt in den Ort **Aich**, wo wir im Osten auf einem Hügel die einsam liegende Wallfahrtskirche St. Salvator auf dem Berg und im Westen die Dorfkirche St. Ulrich von Aich sehen. Auf der höchsten Erhebung im Bereich von Binabiburg steht die Wallfahrtskirche, weil dort einst (Anfang des 18. Jahrhunderts) das Pferd eines Fuhrmanns plötzlich niederkniete und man an dieser Stelle auf dem Boden eine Hostie fand. Also eine Wallfahrtskirche aufgrund eines Hostienfrevels.

An der Dorfstraße angekommen, halten wir uns links, dann rechts Richtung Treidlkofen auf der LA 56. Am Ortsende geht es rechts in eine Birkenallee. Sie führt im Südbogen um Aich herum und endet an der B299. Die große Verkehrsstraße überqueren wir und wandern auf der Asphaltstraße über **Möslreit** und **Willaberg** bis **Michlbach** mit seiner gotischen Ägidiuskirche. In dieser Kirche steht St. Ägidius am Hochaltar und St. Wolfgang am rechten Seitenaltar.

Dorfkirche St. Ulrich von Aich

Blick zur Ägidiuskirche von Michlbach

Westwärts geht es nun durch das locker besiedelte Straßendorf Michlbach, bis links in südlicher Richtung der Weg nach Grienzing führt. Durch **Grienzing** hindurch, den Kiesweg hinauf, durch den Wald ohne Abzweigung, dann am Waldrand entlang, bis wir auf eine kleine Straße treffen. Hier links, nach ca. 70 m wieder rechts. Diese Straße führt nach **Harpolden** mit seiner Kirche St. Emmeram, die schon um 1200 urkundlich erwähnt ist.

> Der große Weg, die Straße der Residenzen, führt durch das östliche Tal, wo heute die Bundesstraße 299 das Wandern wenig genussvoll erleben lässt.
>
> In Egglkofen, dem ersten Ort dieses Tales, steht die im Kern gotische Pfarrkirche Mariae Himmelfahrt, welche barockisiert wurde. Dennoch hat ein kleines gotisches Relief der Grablegung Christi bis heute darin überdauert.
>
> Hier findet sich auch ein Schloss, das nach seiner Errichtung im Spätmittelalter und folgender Zerstörung in der zweiten Hälfte des 17. Jahrhunderts wieder aufgebaut wurde. Der große Säkularisierer Maximilian Josef Graf von Montgelas erwarb dieses Schloss und ließ sich später im Schlossareal beerdigen.
>
> In Tegernbach finden wir die Nikolauskirche und in Feichten könnte der Pilger an der Südwand der Kirche den hl. Jakobus grüßen.
>
> Ist es Zufall, dass nur die gotische Grablegung in der Marienkirche zu Egglkofen überlebt hat? Ist diese gotische Grablegung Jesu nicht ein Rest-Symbol der religiösen Frömmigkeit des Mittelalters? Haben sich nicht jahrhunderte lang die Händler und Pilger vertrauensvoll an Gott mit seinen Heiligen wie Niklaus und Jakobus gewandt? Hat nicht im neunzehnten Jahrhundert die Religionskritik unter dem Grafen Monteglas zum ersten Mal Gott und die Heiligen bedeutungslos werden lassen? Die heutige schnelllebige Zeit mit den starken Motoren findet keine freie Minute mehr, um Gott an den kleinen Orten zu ehren. Heute brausen die Lastwagen ohne Halt an all den Kirchen vorüber.

Entlang der MÜ 3 wandern wir 5 km nach Südosten, denn es gibt keinen anderen Weg durch das Tal. So gelangen wir nach **Teising**, gehen vorbei am mittelalterlichen Schloss mit der Schlosskapelle St. Georg und folgen dann links dem Radweg nach Neumarkt St. Veit, hoch zur schon sichtbaren Wallfahrtskirche Maria Einsiedel ⚜ (um 1624 errichtet als Votivkirche, davor die Heilig-Grab-Kapelle). Nach dem Besuch der Kirche gehen wir die Straße weiter gegen Osten bis zum Bahnübergang in Neumarkt St. Veit. Auf der Hauptstraße stadteinwärts, bei der Kreuzung links die Bahnhofstraße und gleich wieder rechts durch das Obere Tor auf den Stadtplatz **Neumarkt** ⚑ mit der Kirche St. Johann Bapt. Wir

Gotische Wolfgangfigur in der Klosterkirche St. Veit

finden in dieser Kirche mit neugot. Ausstattung und vielen noch gotischen Figuren im ersten Seitenaltar des hl. Sebastian das Bild des hl. Rochus und erkennen auch Jakobus mit seinem Pilgerhut im spätgotischen Predellenrelief, in dem Christus als Weltherrscher inmitten seiner Apostel steht.

An seinem südlichen Ende verlassen wir den Stadtplatz wieder, wo gegen Westen hinter den Häusern der Herzogliche Kasten in seiner noch einfachen gotischen Form zu sehen ist. Im Osten erhebt sich hinter den Häusern das Schloss Adlheim, das zum Gemeindeamt wurde. Den Stadtplatz verlassen wir durch das Untere Tor, überqueren den Fluss Rott, biegen dann beim Kriegerdenkmal links in den Mühlenweg, der in den Kirchenweg einmündet. Dieser führt uns auf den Kirchplatz vor dem Kloster St. Veit.

Das Kloster St. Veit wurde 1121 vom Kloster St. Peter zu Salzburg aus gegründet und fand seinen Standort zuerst in Elsenbach. 50 Jahre später aber zogen die Mönche auf den Veitsberg und errichteten dort ihr Kloster. Die Jakobskirche von Hörbering, die Martinskirche von Feichten und die Marienkirche in Elsenbach gehörten zu St. Veit.
Auch dieses Kloster durchlebte in der Reformationszeit eine Krise und später bedrängte die Pest die Mönche. Doch im 17. Jh. brachte das Kloster Abraham a Sancta Clara hervor, der dann wortgewaltig in Salzburg wirkte. In der Folgezeit blühte das Kloster auf, so dass es seine Bauwerke im Stil des Barock errichten oder erneuern konnte. Doch hundert Jahre später war

die Klostergemeinschaft derart in Nöten, dass sie selbst dem Minister Montgelas schon 1802 die eigene Auflösung anbot.
Danach wechselten wie bei einem untergegangenen Schloss die Besitzer: das Damenstift St. Anna zu München, Max Freiherr von Speck-Sternberg aus Leipzig, Graf Montgelas selbst, das Erzbistum Freising (nützte es als Klerikalseminar), die Barmherzigen Schwestern (nützten es als Erholungsstätte), bis schließlich die Stadt mittels des Vereins St. Vinzentius-Verein Stift St. Veit e. V. die Gebäude als Altenheim übernahm.
Die Klosterkirche wurde mit Aufhebung der Klostergemeinschaft zur Pfarrkirche. In ihr finden wir sowohl in der Architektur wie in der Ausstattung eine Mischung von Gotik und Barock. Den Pilger erfreut der Blick auf einen St. Nikolaus, der aus einem ehemaligen Nikolausaltar stammt, welcher durch den Schwedeneinfall zerstört wurde. Der Wolfgangspilger aber erfreut sich an einen gotischen Altar: in diesem Marienaltar sitzt im Auszug St. Wolfgang mit Bischofsgewand vor seiner Klause am Falkenberg.
Und an der Nordwand findet der Wolfgangsweg-Wanderer nochmals seinen Heiligen in einer gotischen Figur.
Gegenüber aber, in Rokoko gefasst, das Gnadenbild Maria Hilf - denn über jedem Prunk steht auch das Wort: „Gedenke, o Mensch, dass du Staub bist …"

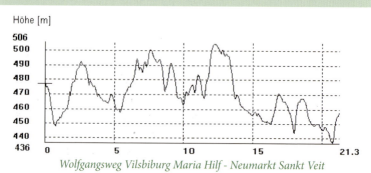

Wolfgangsweg Vilsbiburg Maria Hilf - Neumarkt Sankt Veit

7. Wolfgangsweg vom Kloster Neumarkt-Sankt Veit zum Kapellplatz in Altötting

Der Weg von Neumarkt St. Veit bis Altötting folgt dem Pilgerweg der Landshuter und Oberpfälzer Altöttingpilger ~ 28,5 km

Von der Klosterkirche St. Veit geht es zunächst über den Kirchplatz, der als Parkplatz für den Friedhof und das Altenheim, das in einem Klostertrakt untergebracht ist, fungiert, dann nach Westen in die Veiter Straße, die den Berg hochführt. Nun leitet uns der Wanderweg rechts in die Schützenstraße, aber gleich wieder links in den Wiesenweg über Scheuer mit herrlichem Blick zurück über die Landschaft, wobei im Vordergrund nur der Turm von St. Veit heraussticht. Wir wandern an **Scheuer** vorbei auf einem Weg, der mit reichhaltigen Informationstafeln über den Wald bestückt ist. Der Wiesenweg mündet in eine Kiesstraße, dieser folgen wir geradeaus Richtung Süden. Hier trifft man auf zwei Kapellen (Mater Dolorosa und Maria Hilf) und auf mehrere Kreuze, die an die Schlacht vom 24.04.1809 bei Neumarkt an der Rott erinnern.

Die Kiesstraße trifft in einer Dreieckskreuzung auf eine weitere Kiesstraße. Hier geht es links und oben am Waldrand gegen Osten weiter, im Wald an der X-Kreuzung rechts nach Süd-Osten, nach dem Holzkreuz beim roten Pfeil (an einen Baumstamm) und dem großen und kleinen Stein gegenüber rechts abwärts, am Waldrand entlang, an einem frei stehenden Baum vorbei und hinauf nach **Unterschern** mit seinen drei Bauernhäusern. Vor den Häusern nehmen wir die linke Kiesstraße und den Wiesen-Hohlweg über die nächste Anhöhe. Dieser mündet in einen Kiesweg, der sich oberhalb der Häuser gabelt: hier links und bei den Häusern wieder links und vor zur Straße. Die Asphaltstraße abwärts bis zum Ortsrand von **Niedertaufkirchen**, dort rechts hinauf in den Ort zur Pfarrkirche St. Martin.

i Der Historiker Meinrad Schroll aus Mühldorf schrieb den neuen Kirchenführer und erzählt darin, dass dort ursprünglich eine Taufstelle war, und die Kirche St. Martin im 8. Jahrhundert entstanden sein soll. Aber erst im Jahre 1401 wird sie urkundlich erwähnt. 1732 wurde sie nach einem Neubau wieder eingeweiht. So steht jetzt ein Prachtbau vor uns, dessen barocke Fensterrahmen uns gleich auf die Sehenswürdigkeit der Kirche hinweisen. Der Pilger findet hier eine wunderschöne Jakobusfigur im Apostoleion, einen barocken Vierzehn-Nothelfer-Altar, ein großes Maria-Hilf-Bild im Auszug des Hauptaltares und ein Bild der Mutter vom Guten Rat mit den drei Pilgern hinten in der Kirche. So scheint dieses Gotteshaus eine wahre Pilgerstation gewesen zu sein.

Jakobus im Apostoleion von Niedertaufkirchen

Wir wandern nun auf der Hauptstraße weiter, vorbei an Friedhofsmauern und einem Bolzplatz, bis am Ende des Halbkreises und damit am Ende des Ortes die Abzweigung nach Wipping kommt. Nun also rechts in östlicher Richtung nach Wipping auf der Kiesstraße, ab **Wipping** die kleine Asphaltstraße südwärts nach **Hofern** und weiter nach **Stetten** zur kleinen Kirche Hl. Geist.

> *i* Stetten ist klein, aber doch bedeutend in seiner Geschichte. Die Hl. Geist-Kirche war früher eine Schloss- und Beerdigungskirche der Pleiskirchner Grafen. In dieser Kirche haben Adelige aus den Geschlechtern der Mandl und der Fleckinger ihre ewige Ruhe gefunden.
> Das Gotteshaus wurde im Dreißigjährigen Krieg von den Schweden geplündert. Nördlich davon begann auch die Schlacht von 1809.
> Heute steht in der Kirche ein barocker Hauptaltar, der zur Grabesstätte passt: das Antependium zeigt das Fegefeuer, das kleine Bild unter dem Altargemälde stellt das Leben des Christophorus dar und das Hochaltarbild setzt uns das Pfingstereignis vor Augen. Nach oben hin also führt der Weg der Vollendung in Jesus und seinem Geist.

Von Stetten geht es nun links auf einem zunächst asphaltierten Weg, dann auf einem kiesigen Hohlweg hinauf nach **Hohenbuchbach**, das einmal ein Schloss hatte und eine Hofmark gewesen ist. In Hohenbuchbach nach dem zweiten Haus rechts die Wiese hinab und am Wald zwischen Laubbaum und Fichte in den Waldweg hinein, vorbei an einer Nischenkapelle. Wir kreuzen einen größeren Waldweg und sehen dahinter an einem Baumstamm einen grünen Pfeil, der auf einen abzweigenden Waldweg hinweist. Dies ist auch der Weg der jährlichen Altötting-Pilger im Mai (daher werden Pilger in Hohenbuchbach aufgenommen). Der Weg geht am Waldrand in einen Kiesweg über mit schöner Sicht auf das Inntal und auf Pleiskirchen. Dieser Kiesweg führt hinab zur Verbindungsstraße von Oberrohrbach über Hütting und zur AÖ 31 bei Pleiskirchen. Dort links die Asphaltstraße nach **Hütting** und weiter zur AÖ 31. Nun rechts bis zur asphaltierten Straße, dort links hinauf nach **Pleiskirchen** zur Nikolauskirche, die schon um das Jahr 1000 eine Pfarrkirche war. Wir finden in dieser

Kirche die Pilgerpatrone St. Jakobus, St. Christophorus, und St. Ägidius, aber keinen Wolfgang.

Von der Kirche nach Südosten die Siedlungsstraße entlang, welche am Ende des Ortes in einer Unterführung, gleich einem Tunnel, unter der AÖ2 hindurchführt. Wir bleiben weiter auf dieser Straße bis kurz vor **Walding**. Dort zeigt ein Wegweiser den Radweg nach Töging an. Diesem folgen wir rechts vorbei an einer kleinen Nischenkapelle bis nach **Kaining** und halten uns auch hier wieder rechts, hinab zur AÖ2. Dort geht es den Radweg links hinunter nach Engfurt.

Der Radweg wechselt mit einer Unterführung die Straßenseite. Wegen der hohen Böschung ist er hier mit einer kleinen Mauer abgesichert. Am Beginn der Mauer steht die letzte Stele des

Kreuzweges: Jesus wird ins Grab gelegt. Diesem Kreuzweg folgen wir bei der ersten Unterbrechung der Mauer rechts und lassen uns von ihm einstimmen in das Thema der folgenden Klause. Bis zur Anhöhe bleiben wir auf dem Waldweg, bis wir oben rechts das weiße Schild „Ruhe - Fahrradfahren verboten - Privat- und Pilgerweg" sehen und links das gelbe Wanderschild „Engfurt". Zwischen den beiden Schildern gehen wir auf dem kleinen Pfad hindurch, die Treppe hinab zur Rastkapelle und den Pfad weiter direkt zur **Engfurter Klause** mit der Rokokokirche Maria Himmelfahrt ⚜.

> *i* Die Klause Engfurt entstand Mitte des 17. Jahrhunderts. Ein Müller, der zum Spital Neuötting gehörte, hatte eine Klause erbaut, in der sich ein Einsiedler niederließ. Danach bauten die Erhartinger ihm eine Kapelle und bald wurde der Ort zu einem Platz der stillen Einkehr, wo die Betenden sicherlich viel Trost fanden. Als das Hochwasser der Isen einen Neubau der Kirche erforderte, wurde so viel Geld gespendet, dass 1711 die heutige Dreifaltigkeitskirche erbaut werden konnte. Noch heute sieht der Pilger beim Eingang der Kirche Votivbilder, ein Zeichen dafür, dass viele Pilger dort Gnade empfingen. Die heutige Rastkapelle stammt aus einem ehemaligen Kreuzweg hinauf auf den Häublberg. Weil die Klause am Pilgerweg nach Altötting liegt, bezeichnete Robert Bauer, der ehemalige Kapellenadministrator der Altöttinger Wallfahrtskapelle, diesen Ort als „Vorposten der Altöttinger Wallfahrt".

Radfahrer fahren direkt entlang der AÖ2 bis zum Gasthaus Engfurt, nehmen dann den Abstecher hinter zur Klause und fahren dann wieder zurück zur AÖ2.

Von der Klause über die Brücke des Flusses Isen und des Isenkanals, durch das Gasthausgelände des Gasthofes Engfurt durch und zur AÖ2, auf dem Radweg rechts nach Süden bis zu einer kleinen Straßenkreuzung. Dort die AÖ2 überqueren und ostwärts weiter auf dem kleinen asphaltierten Weg nach **Aufham**. Nun folgen wir nordwärts dem Isental-Radweg entlang der Isen, überqueren diese nach 350 m und wandern rechts nach Südosten (nicht Richtung Wald) zum Sägewerk und durch diesen Bereich hindurch. Danach wird der Weg zur Flurstraße, die uns den Kanal zweimal überquerend, nach **Letzenberg** führt. Ab dem Bauernhof dort auf der Asphaltstraße weiter nach Osten, dann rechts – immer noch dem Isental-Radweg folgend – die Straße „Am Weinberg" hinab zur Hauptstraße, dort rechts einbiegen und über die Isenbrücke hinauf zum Kirchberg von **Winhöring**.

i Der Ort **Winhöring** wird schon im Jahre 715 erwähnt als päpstlicher Besitz, kam dann unter die Herrschaft von Bamberg und wurde ab dem Mittelalter vom Kloster Gars betreut. Daher hat die spätgotische Pfarrkirche die Patrone St. Peter und Paul, wurde sie ja ursprünglich als romanische Wehrkirche zur Zeit der Ungarneinfälle im 10. Jahrhundert erbaut. Petrus und Paulus stehen am Hochaltar als Assistenzfiguren beim Bild Jesu am Jakobsbrunnen und auf den Schlusssteinen des Kreuzgewölbes im Chor, Jakobus der Ältere 🐚 auf einem Schlussstein im Langhaus. An der Emporenbrüstung sind die gotischen Figuren von Antonius dem Einsiedler und Johannes dem Täufer, im Stil des Meisters von Rabenden. Über dem Eingangsportal sehen wir eine gotische Madonna. Winhöring hat noch die Schlosskapelle St. Bartholomäus sowie die Dreikönigskapelle im Schloss Frauenbühl.

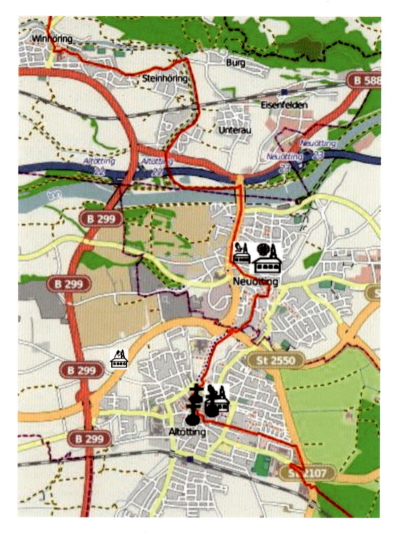

Nach der Kirche St. Peter und Paul links in die Straße „Obere Hofmark", welche in die Neuöttinger Straße mündet, dann links die Steinhöringer Straße und auf dieser nach **Steinhöring** und über die Isen. Nach der Isenbrücke beginnt der Ortsteil **Burg**, in diesen aber nicht mehr hineingehen, sondern nach der Brücke gleich links am Damm entlang zur Mündung der Isen in den Inn, dann weiter am Inn entlang bis zur Straßenbrücke über den Inn. Den Inn überqueren und mit dem Jakobsweg Böhmen-Bayern-Tirol ⚜ über **Neuötting** hinein nach Altötting.

> *i* Neuötting stellt sich heute als Innstadt mit schönem Stadtplatz dar. Am Stadtplatz erhebt sich die gotische Backsteinkirche St. Nikolaus ⚜, eine dreischiffige Hallenkirche mit schönen schlanken Säulen und wohlgegliedertem Kreuzrippengewölbe. In der Süd- und der Nordseite des Langhauses sind Seitenkapellen zwischen den Strebepfeilern erbaut. Auch diese Kirche wurde in der Barockzeit im Stil der Zeit ausgestattet und folglich später wieder regotisiert. So hat sie heute meist neugotische Ausstattung. Da die Seitenkapellen noch teilweise Ausmalung bzw. Altäre besitzen, finden wir in diesem Gotteshaus häufig den hl. Nikolaus, auch den hl. Rochus ⚜ und den hl. Franz Xaver ⚜, dazu auch den hl. Wolfgang ⚜. Früher besaß die Kirche auch eine Jakobs- und eine Wolfgangs- sowie eine Dreikönigskapelle.

Ein <u>Alternativweg</u> führt über eine Wolfgangskapelle nach Altötting. Nach der spätgotischen Ortskirche St. Peter und Paul die Hauptstraße gegen Süden weitergehen, die B299. Die spätgotische Feldkirche Mariae Namen ⚜ war früher eine Wallfahrtskirche, jetzt ist sie Friedhofskirche (und leider nur zu Beerdigungen geöffnet). Sie soll als Gelöbniskirche entstanden sein, die ein reicher Kaufmann errichtete, der bei einem Raubüberfall in Todesangst den Bau der Kirche gelobt hatte. Die Straße weiter nach Süden zum Inn. Die Strecke verläuft wie ein Mäanderband, weil am Schluss die Autobahn auf einer Brücke überquert werden muss.

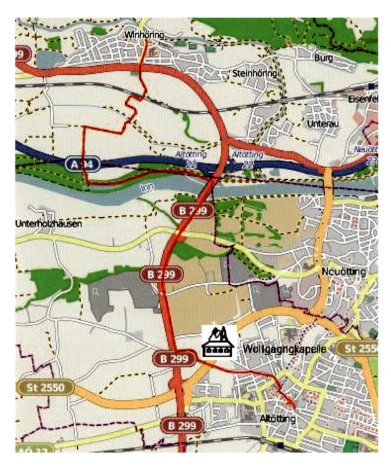

Nach der Autobahn kommen wir zum Inn, dort links weiter nach Osten auf dem Inn-Radweg. Unter der B299-Brücke durch und links zum Radweg über den Inn hinauf. Hier beginnt auch die Inn-Radweg-Variante nach Altötting. Diese Inn-Radweg-Variante weiter der B299 entlang auf eigenem Radweg. Er bringt uns zur Straße, welche von Holzhausen nach Altötting führt und dort die B299 überquert. Hier links und Altötting entgegen. Bevor die Straße unter der B12 durchführt, trifft man auf die Wolfgangskapelle 🙏⛪. Unter der B12 durch und den Schildern der Inn-Radweg-Variante folgen: der Pilger wird dann auf kürzestem Weg zum Kapellplatz von **Altötting** 🙏⛪ geleitet.

> *i* Altötting, das religiöse Herz Bayerns, ist heute geprägt von den Päpsten der Gegenwart. Die Statue Johannes Pauls II. vor dem Kongregationssaal und das Papstbild Benedikts XVI. am Turm der Stiftskirche erinnern daran, dass beide Päpste schon den heiligen Ort besucht und das Volk mit einer großen Feier gestärkt haben.
> Doch bereits die in den Himmel ragenden beiden Türme der gotischen Stiftskirche lehren uns schon weit außerhalb von Altötting, dass es sich hier um einen altehrwürdigen Ort handelt.
> Das älteste Gebäude ist die Gnadenkapelle, deren vorderer Rundbau uns geistig zurück in die Zeit des frühen Mittelalters führt. Schon im Jahre 748, als der agilolfingische Herzogshof den leicht erhöhten Platz mit Leben erfüllte, wird die Siedlung urkundlich erwähnt. Zu dieser Zeit aber war die Stelle des Otto oder Auto (latinisiert lautete der Name „Autingas") schon ein bedeutender Herzogssitz im Lande und konkurrierte an Bedeutung mit Regensburg. Seine Kapelle war der oktogonale Rundbau, der gemäß seiner Architektur als Taufkapelle erkennbar ist. Die Gründungserzählung lehrt uns, warum hier kein Johannes Baptist der Patron wurde: Der hl. Rupert sei gekommen, habe den Bayernherzog hier auf den Namen Autingas getauft und habe ein Marienbild für die Kapelle mitgebracht. Damit wurde Maria die Patronin der Kapelle. Dies legt aber auch nahe, dass die Kapelle etwa um 700 gebaut wurde.

Nach der Entmachtung des letzten agilolfingischen Herzogs Thassilo III. wird der einstige Herzogshof nicht zerstört, sondern zur karolingischen Königspfalz ausgebaut. König Karlmann nimmt um 870 ständige Wohnung als König über Bayern und Italien in seinem Königshof zu Ötting. Er errichtet auch das augustinische Chorherrenstift, dem er eine Basilika baut und dafür die Reliquie des Apostels Philippus schenkt.

Anfang des 10. Jahrhunderts, genau im Jahre 907, stürmen die Ungarn durch den Ort, verwüsten die Pfalz, das Monasterium der Chorherren und ihre Basilika. Das unscheinbare Oktogon wird nicht zerstört.

Im Jahre 1228 kommen die Reform-Chorherren, die Regular-Chorherren des hl. Augustinus, hierher. Der Wittelsbacher Herzog Ludwig der Kelheimer baut ihnen das Kloster wieder auf und errichtet auch eine romanische Basilika.

Im 13. Jahrhundert unterscheiden sich die Handelsleute, die unten am Inn wohnen, bereits von den Bürgern um die Stiftshofmark. Im Jahr 1321 erhalten die Kaufleute am Inn das Stadtrecht und führen fortan Siegel und Wappen der Altöttinger Kapelle: eine romanische Madonna in der Türe der Kapelle. Nahmen sie die romanische Statue mit oder bezogen sie sich nur auf die Marienstatue im Oktogon? Wie auch immer, das Wappen zeigt eine schon lange bestehende Verehrung der Marienstatue.

Wie es dann zur Auswechslung der romanischen Marienstatue und zur Annahme der gotischen Figur aus Lindenholz kam, welche um 1330 nach Altötting gebracht worden war, kann nicht gesagt werden. Als 1499 zwei Wunder durch Gebet an dieser Statue geschahen, begann ein mächtiger europäischer Pilgerstrom, der zur Madonna im Oktogon strömte. Er war so groß, dass die romanische Stiftskirche als größeres und in Gotik gehaltenes Gebäude neu errichtet wurde. Und auch das

Oktogon erhielt damals sein Langhaus. Von dieser Zeit an zogen auch die Großen der einstigen deutschen Welt zur Gnadenkapelle.

Die Pilger waren so zahlreich, dass 1591 die Jesuiten und 1653 auch die Franziskaner zur Pilgerbetreuung an den Ort geholt wurden. 1773 wurden die Jesuiten vertrieben. 1782 pilgerte Papst Pius VI. an diesen Ort, dennoch wurden 1802 das Augustinerchorherrenstift und das Franziskanerkloster aufgelöst. Dafür wurden alle bayerischen Kapuziner zum Aussterben des Ordens in das Franziskanerkloster gesteckt. 1826 durften sie wieder seelsorglich wirken, um 1911 wurde die große Wallfahrtsbasilika gebaut und 1934 erhielt mit der Heiligsprechung des 1894 verstorbenen hl. Bruders Konrad der Ort ein zweites großes Pilgerziel: das Grab eines Heiligen.

Die Wallfahrt lebte und lebt, weil Seelsorger am Ort sind. Dies macht auch den geschichtsträchtigen Ort so liebenswert, der mit seinem romanischen Portal am Oktogon in der Gnadenkapelle und seinem gotischen Portal an der Stiftskirche sein Alter zeigt und mit seinem harmonischen Platz um die Gnadenkapelle dem Ort ein würdiges Gepräge verleiht.

Zu besuchen sind noch:
die **Päpstliche Wallfahrtsbasilika** St. Anna, ein monumentaler Neubarockbau
die **Bruder-Konrad-Kirche** ⚓▦♪: (ehem. St. Anna) mit dem Glas-Sarkophag des Kapuzinerheiligen Bruder Konrad
die **Stiftskirche** ⚓▦: (got. Pfarrkirche, ehem. Chorherrenstiftskirche St. Philipp und Jakob mit Kreuzgang und Tillykapelle ✂ (Peterskapelle), Sebastianskapelle und Ecce-Homo-Kapelle

die **Magdalenenkirche** 🏛️: (ehem. Jesuitenkirche St. Magdalena, seit 1874 Kapuziner-Klosterkirche, Barockbau)

die **Gnadenkapelle** 🌺🌺🌺: (Heilige Kapelle [Gnadenkapelle], ehem. Pfalzkapelle St. Maria, im Rundbau wohl agilolfingisch, 8. Jh. der Langbau und der Spitzturm spätgotisch)

die **got. Friedhofskirche**: (Friedhofskirche St. Michael mit Jakobspilger-Graphiti 🐚)

das **Kreszentiaheim** 🏛️: (Missions- und Provinzhaus der Schwestern vom Heiligen Kreuz mit Kreuzkirche)

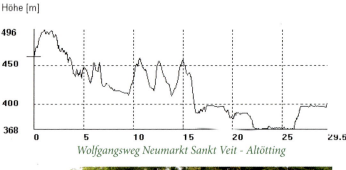

Wolfgangsweg Neumarkt Sankt Veit - Altötting

Wolfgangskapelle vor Altötting

8. Wolfgangsweg vom Kapellplatz in Altötting zur Jakobskirche in Burghausen

Der Weg folgt von Neuötting bis Burghausen dem Salzweg
~ 17,1 km

Von der Gnadenkapelle von Altötting geht es zur barocken Magdalenenkirche, rechts über den Tylliplatz, nach dem Kapuzinerkloster gleich links in die Kreszentiaheimstraße, vorbei an der Anbetungskapelle des Kreszentiaklosters. Weiter bis zum Kreisverkehr und jenseits auf dem Radweg in gleicher Richtung weiter bis zur Staatsstraße 2107. Dort ist unterhalb der Straße ein Radweg, diesem folgen wir nach rechts zur Burghausener Straße. Die Burghausener Straße überqueren und rechts mit der Innradweg-Variante Richtung Burghausen.

Diese führt nach den Rupert-Werkstätten der Caritas mit eigener Brücke über die stark befahrene St 2107 in den Forst. Mit der Innradweg-Variante auf der Kiesstraße weiter und durch den ganzen Forst hindurch. Nach fast 800 Metern kommt eine

Nikolauskirche von Hohenwart

Gabelung: hier nicht geradeaus Richtung Jägerhaus, sondern links Richtung Mehring mit der Innradweg-Variante. Nach wiederum 800 Metern rechts die Alte Poststraße mit der Innradweg-Variante. Jetzt immer geradeaus, bis die Forststraße gegen Ende etwas abwärts führt, vorbei am Sportheim und auf der Siedlungsstraße Alte Poststraße bergab zur Hauptstraße „Obere Dorfstraße". Immer noch der Innradweg-Variante folgend, biegen wir links ab in die größere Straße durch **Emmerting**. Diese führt unter der St 2108 hindurch bis fast vor die moderne Kirche Heilig Geist. Davor biegen wir mit der Innradweg-Variante rechts in die Hauptstraße und gehen auf dieser nach Südosten über den Fluss Alz und nach der Brücke links den Berg hinauf. Vor dem Parkplatz, also gleich beim Gasthaus Schwarz, das auch gerne Wolfgangspilger aufnimmt, rechts und beim kleinen Biergarten links den Wanderweg hinauf zur Filialkirche. Damit verlässt der Pilger kurz die Innradweg-Variante, um zur gotischen Nikolauskirche in **Hohenwart** zu gelangen.

Von der Nikolauskirche aus gehen wir in die Ulrich-Häntler-Straße bis zur Hohenwarter Straße, dort treffen wir wieder auf die Innradweg-Variante. Hier nehmen wir rechts den Radweg an der Straße, danach wieder rechts Richtung Hintermehring, darauf schräg links mit der Brücke über die St 2108, schließlich rechts und gleich wieder links nach **Mehring** mit der Martinskirche.

> *i* Die Kirche St. Martin ist einen Besuch wert. Edelste Gotik in der Architektur und hochwertiger Barock in den Altären. Dazu Jakobus ☼ als Assistenzfigur neben dem Hochaltarbild, Christophorus ☼ als Assistenzfigur im Auszug des gleichen Altars und Nikolaus ☼ als Assistenzfigur im Auszug des Sebastian-Altares. Dies zeigt, dass es eine Kirche an einer Altstraße war.

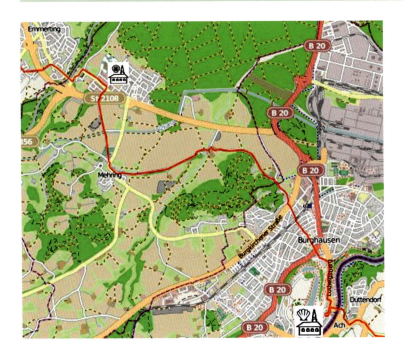

Sie ist auch die Mutterkirche des ganzen Gebietes, ja die älteste Pfarrei im Bistum Passau. St. Jakobus in Burghausen und das Kloster Raitenhaslach wurden später erbaut.
Aber auch moderne Kunst hat hier ihren Platz gefunden: so grüßt von der Friedhofsmauer ein moderner Sensenmann, ähnlich dem „Altöttinger Tod" in der dortigen Stiftskirche, den Besucher dieser Martinskirche.

Wir gehen wieder hinab zur Hauptstraße und verlassen nun die Inn-Radweg-Variante. Stattdessen wandern wir auf dem Benediktweg weiter, aber nicht bergan, sondern gegen Osten an der Raiffeisenbank mit Lagerhalle vorbei und auf der Asphaltstraße nach **Lengthal**. Bei Haus Lengthal 4 biegen wir rechts ab und halten uns nördlich des Hechenbergs. Auf der Anhöhe an der Maria-Hilf-Nischenkapelle vorbei, unten über die Burgkirchener Straße, unter dem Bahngleis durch (Räder kann man hier schieben), die folgende Straße und auch die nächste Straße mit den Geschäften überqueren, dann geradeaus durch den Park. Über die Straße bei der Gärtnerei und dann weiter auf der Mehringer Straße. Die nächste Querstraße überqueren und in den Fußweg hinein. Er führt zum Eingang der längsten Burg Europas.

i Der hl. Wolfgang ist zwar erwähnt, als wäre er in der von der Herzogin Hedwig gegründeten Rupertuskirche (daher Hedwigskirche genannt) vorhanden.
Aber die gotische Figur erweist sich, da sie am Chorbogen außen steht und auf der gegenüberliegenden Seite St. Rupert dargestellt ist, als der hl. Virgil.

Am äußeren Burgeingang vorbei und auf dem Fußweg, der alten Burgstraße, um das Burgareal herum, dann auf dem Benediktweg an der Burgmauer entlang hinunter zum Stadtplatz von **Burghausen**, wo am Ende die gotische Stadtpfarrkirche St. Jakobus ♣ steht.

Rupert und Virgil (oft gesehen als Wolfgang) in der Elisabethkapelle auf der Bughausener Burg

Dr. Peter Pfarl beschreibt den Weg südlich des Hechenbergs: Unghausener Straße, bei den ersten Häusern von Unghausen die Brücke über die St 2108, dann links in die Ulrich-Schmidt-Straße. Die Burgkirchner Straße überqueren sowie die Anton-Riemenschmied-Straße, um der Unghausener Straße weiter zu folgen bis zum Eingang der Burg.

Jakobskirche von Burghausen

Burghausen:
an der ehemaligen Römerstraße Rosenheim-Passau als Turro, an der ehemaligen Salzstraße Burghausen-Neuötting
Äußere Burgkirche St. Rupert (Hedwigskirche)
Innere Burgkirche St. Elisabeth
barock. Studienkirche St. Josef
(ehem. Jesuitenkirche, jetzt Studienkirche St. Joseph)
barocke Schutzengelkirche:
(Institut der Englischen Fräulein)
got. Pfarrkirche St. Jakobus d. Ä.
Spitalkirche (ehem. Heilig-Geist-Spital)
Kapuzinerkirche St. Anna
(Kapuziner St. Anna und ehem. Studienseminar St. Konrad)
Filialkirche Heilig Kreuz:
(got. Kirche Heiligkreuz in der Au, ehem. Leprosenkirche)
weiter flussaufwärts an der Uferkante:
Marienberg: Rokokowallfahrtskirche Marienberg
und noch weiter flussaufwärts:
Raithenhaslach: Zisterzienserkloster Raithenhaslach
auf österreichischer Seite: **Ach:** barock. **Marienwallfahrtskirche Maria Ach** Wallfahrt seit 1354

> *i* Burghausen liegt tief im Tal der Salzach, umgeben meist von bewaldeter Landschaft auf beiden Seiten des Flusses. Daher ist die Stadt aus der Ferne nicht zu sehen. In der Nacht leuchten jedoch die vielen Lichter der modernen Chemieindustrie im Norden.
> Nähert man sich der Stadt von Osten her, tauchen plötzlich ihre beiden Wahrzeichen auf: die lange Burg und der Turm der Stadtkirche. Heute hat Burghausen neben der Burg noch einen schönen Stadtplatz zu bieten, von dem aus vier von den acht Kirchen der Stadt zu sehen sind.

Es ist als sicher anzunehmen, dass diese Stelle schon seit der Römerzeit besiedelt ist. Zunächst dürfte es eine römische Zollstation gewesen sein, führte doch die Militärstraße *pons aeni – turro* über den Fluss und jenseits dann weiter nach Passau, wie Josef Stern es in seinem Buch bewies.

Im 7./8. Jahrhundert gesellt sich zur Siedlung die Burg mit den örtlichen Burgherren.

Urkundlich wird die Stadt zum ersten Mal 1025 als Reichsgut erwähnt. Im Laufe der Zeit entwickelte sich die Burg zur längsten Burg Europas. Im Jahre 1140 wurde die erste Stadtkirche gebaut, wahrscheinlich damals schon dem hl. Jakobus geweiht. Die Kirche am Fluss war als Filialkirche der Pfarrei Mehring unterstellt.

1164 kamen durch den Tod des Burgherrn Siedlung und Burg an die Herzöge von Bayern. Die bayerischen Herzöge besetzten die Pfarrei Mehring mit herzoglichen Kaplänen und Notaren und schon 1189 nannten sich diese Pfarrer „von Burghausen". Offenbar wohnten sie schon in der Flusssiedlung unter der Burg, obwohl sie Pfarrherren der Pfarrei Mehring waren.

Um 1160 wurde die Stadtkirche zehn Jahre lang umgebaut und erhielt der Zeit gemäß viele Altäre: einen Marienaltar, einen Jakobusaltar, einen Katharinenaltar und einen Thomas-von-Canterbury-Altar. 50 Jahre später kam dazu ein weiterer Altar zu Ehren des hl. Kreuzes und des hl. Andreas. Während des Stadtbrandes im Jahre 1353 wurde diese Kirche schwer beschädigt. Als Jakobskirche wurde sie danach wieder erneuert und hatte eine eigene Bauhütte, die ihre Meister nach Altötting und Mondsee sandte. Neben dem Hauptaltar zu Ehren St. Jakobs wurden noch weitere 17 Altäre errichtet. Es gab darunter einen Nikolausaltar der Schifferzunft und einen Wolfgangsaltar der Maurerzunft.

Anfang des 15. Jahrhunderts wurde Burghausen selbständige Pfarrei und Mehring Filialkirche. Hundert Jahre später brannte die Stadt erneut. Anfang Oktober 1511 wurde die Kirche neu eingeweiht und hatte nun acht Altäre. Im Jahre 1604 wurde die Innenausstattung im Stil der Renaissance erneuert, 1717 wurde sie barockisiert. Als 1843 der Dachstuhl erneuert worden war und wegen falscher Berechnung 1851 einstürzte, wurden die an der Außenmauer angebrachten Kapellen abgerissen und die Kirche innen regotisiert.

Hat Pfarrer Herböck 1983 den Gang durch die Kirche als einen Weg zu Christus hin in der Solidarität am bedürftigen Mitmenschen beschrieben, so wurde die Kirche nach der Errichtung des Jakobsweges Böhmen-Bayern-Tirol als eine Lebenswegkirche ausgestaltet. Die Taufe als Beginn des Weges, dann Aufbrechen, Begleiten, Empfangen und Ankommen führt uns der Rundgang in der Kirche der Reihe nach vor Augen. Beim Maria-Hilf-Altar mit dem Gnadenbild ist das Heimkommen im Licht erklärt.

Vorne aber, im neugotischen Hochaltar, ist Jakobus der Ältere inmitten der vielen Heiligen zu sehen. Der Altar selbst stellt ein Abbild des Himmels dar, in dem der erhöhte Herr am Kreuz das bestimmende Zentrum ist.

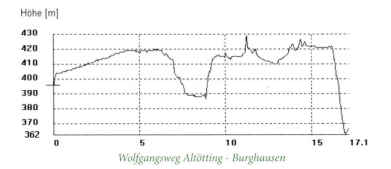

Wolfgangsweg Altötting - Burghausen

Schutzengelkirche von Burghausen

9. Wolfgangsweg von der Jakobskirche Burghausen zur Kollegiatskirche Mattighofen

Der Weg folgt der direkten Linie von Burghausen bis Mattighofen
~ 31,2 km

Von der Mitte des Stadtplatzes aus gehen wir über die Salzachbrücke und halten uns dabei links. Kurz nach der Brücke biegt ein Radweg ab, der uns wieder zur Bundesstraße führt. Nun geht es über die Gemeindegrenze (Aich / Duttendorf) und wir folgen am Ortsende von **Duttendorf** links dem Radweg des Innviertels R 25 (Innviertler Radweg) zuerst Richtung Gilgenberg bis zum Ortsende von **Dorfen.** Bei der schlichten Fatimakapelle biegen wir rechts in die kleinere Straße Richtung Staudach ab. Nach einer Anhöhe verlassen wir an der Dreieckskreuzung den Radweg links nach Staudach. Wir durchqueren den Weiler **Staudach** und biegen dann vor den nächsten Häusern und vor dem Löschweiher rechts in einen Feldweg. Dieser führt die Geländekante hinab und in den Wald hinein, ist dort zunächst ein alter Hohlweg, dann macht er eine Kehre. Unten trifft er vor dem nächsten Waldstück auf eine asphaltierte Gemeindestraße.

Diese überqueren und geradeaus weiter, zuerst am Rande einer Wiese, dann im Wald. Hier wandelt sich der Weg zum Kiesweg. Auf diesem Weg geradeaus bis zur Antoniuskapelle, die zu Ehren des Antonius von Padua als Votivkapelle von Franziskanerpater Raymond Gastl errichtet wurde. Von dort links nach Osten auf der breiten Kiesstraße, die dann als Asphaltstraße nach Gilgenberg führt. Vorbei an der Kiesgrube und der Fatimakapelle, eine Querstraße kreuzen, vorbei an der Sebastianskapelle und zur Station des Helmbrecht-Pfades. Dieser Pfad bietet Wissenswertes über das Ritter- und Raubrittertum im Mittelalter. Auf dieser Straße weiter ostwärts, wobei der Pilger im Blitzlthal das Gefühl bekommt, er wandere auf dem Boden eines vor langer Zeit ausgetrockneten Sees. Am Ende taucht unvermittelt die spätgotische Kirche St. Ägidius ❀ von **Gilgenberg am Weilhard** auf.

Rochus in der Ägidiuskirche von Gilgenberg

Mit dem Rad fährt der Pilger über die Gemeindegrenze (Aich / Duttendorf) und am Ende von **Duttendorf** *links weiter auf dem Radweg des Innviertels R 25 (Innviertler Radweg) zuerst Richtung Gilgenberg bis zum Ortsende von* **Dorfen**. *Bei der schlichten Fatimakapelle biegt er rechts Richtung Staudach in die kleinere Straße ab und radelt gegen Süden hinab nach* **Hochburg**. *In Hochburg mit dem Helmbrecht-Pfad nach Nordosten, auf der Asphaltstraße bis zur Antoniuskapelle; nun ostwärts weiter durch den Wald und das Blitzlthal entlang nach* **Gilgenberg.**

> Der Ort Gilgenberg am Weilhart hat von seinem Kirchenpatron St. Ägidius den Namen erhalten. In der gotischen Kirche, urkundlich erstmals 1195 erwähnt, finden wir noch gotische Gemälde. Auf dem barocken Hochaltar, der einen mächtigen Auszug hat, steht neben dem Ägidiusbildnis der hl. Nikolaus und auf dem Sebastiansaltar sehen wir als Assistenzfiguren St. Rochus und St. Wolfgang.

Von der Kirche aus ostwärts, an der Volksschule vorbei, bei der Gabelung links Richtung Handenberg. Am Sportplatz vorbei, die Straße direkt nach **Handenberg** zur Kirche St. Martin, die im Jahre 1070 erstmals urkundlich erwähnt wird. Wie in Gilgenberg finden wir in dem gotischen Kirchenbau edelsten Barock, der an spanischen Barock erinnert: der Hochaltar reicht bis in die gotischen Rippen der Apsis hinein. Auch in dieser Kirche entdecken wir den hl. Wolfgang 🌿 als Assistenzfigur und St. Jakobus 🐚 an der Mittelsäule des zweischiffigen Langhauses, dazu St. Christophorus 🌸 und St. Rochus 🌸 als Assistenzfiguren auf den Seitenaltären.

Wir verlassen die Kirche durch das Tor auf der Südseite in Richtung Westen. An der Volksschule gehen wir den Weg zwischen Zaun und Pausen-/Bolzplatz in südlicher Richtung und bei der Gabelung gleich rechts mit der Kurve an einer Garage vorbei. Die Straße führt - vorbei an einer Marienkapelle, die anmutet wie ein Wartehäuschen für den Linienbus - zu einem Bauernhof. Den Bauerhofbereich geradeaus durchqueren, am Waldrand entlang auf einem verfallenden Flurweg abwärts in den Buchenwald hinein. Der Weg macht im Wald eine Kehre und trifft als Wiesenweg in Eckbach bei dem Fuhrunternehmen Dicker auf die Dorfstraße.

Radfahrer fahren wieder zurück Richtung Gilgenberg und biegen nach dem Ortsende rechts nach Eckbach hinunter ab.

In **Eckbach** vor dem Fuhrunternehmen Dicker die Straße nach links nehmen, am Ende die B156 überqueren und weiter auf der Dorfstraße nach St. **Georgen am Fillmansbach** (unteres Dorf). Dort folgen wir der Straße rechts hinauf ins obere Dorf zur Kirche St. Georg. In dieser gotischen Kirche mit barocker Ausstattung finden wir St. Nikolaus 🌸 und die vierzehn Nothelfer (mit St. Ägidius 🌸 und St. Christophorus 🌸), sowie auch ein Mariengnadenbild ⚜ aus einer ehemaligen Wallfahrtskapelle in der Nähe. Vielleicht war dies die noch im 19. Jahrhundert geübte Wallfahrt in der Kalvarienkapelle und diese wiederum nur ein Rest jener früheren Marien-Wallfahrt.

Will der Pilger nicht hinauf zur Kirche, bleibt er wie die Radfahrer gleich auf der Straße Richtung Steckenbach und nimmt links den Radweg gegen Süden bis zur Kreuzung. Dort die nach links abbiegende, stark befahrene Verkehrsstraße verlassen und geradeaus Richtung Steckenbach. Durch **Feichten** durch und in **Steckenbach** beim Haus mit dem Bild des hl. Florian und des hl. Sebastian links in die Straße hinein. Sie führt zu einem weiß getünchten Bauernhof, dort rechts und die Anhöhe steil hinauf. Oben bei der Querstraße wieder rechts, hinab nach **Großgollern**, im Ort dann rechts und weiter bis **Gschwendt**.
Bei den landwirtschaftlichen Gerätehallen links die Straße hinab, gleich nach der Maschinenhalle rechts, beim Bauernhof mit den vier Garagen die Kehre links, ab der Bachbrücke den Weg, der nur noch mit schütterem Asphalt bedeckt ist, vor nach **Wehrsdorf** mit schönem Blick hinauf zur Wallfahrtskirche in Hart.

Radfahrer fahren von Großgollern zum Ortsanfang von Gschwendt, dort bei der ersten Straße rechts gleich nach Ed. In Ed links und dann können sie das Fahrrad laufen lassen bis Wehrsdorf.

Von Wehrsdorf über den Bach, bei der Linde rechts steil hinauf zur Wallfahrtskirche in **Hart** 🐾, eine ehemalige Wallfahrt zum Allerheiligsten Altarssakrament.

i Warum dieser Umweg über Gschwendt? Er ist nötig, weil die Straße von St. Georgen am Fillmansbach nach Kleingollern zu verkehrsreich und unangenehm für Wanderer ist.

Aber die Südroute in Gschwendt ist nur eine kleine Abbildung des Weges, den die Pilger früherer Zeiten nahmen: Von Burghausen gingen sie auf der Bierstraße bis zur Straßenkreuzung in Gundertshausen (es kreuzte dort die Salzstraße von Laufen nach Braunau) und die Straße weiter bis zum Nachbarort Aschau mit seiner Bartholomäuskirche. Von dort wanderten sie wieder nordwärts bis nach Hart, um dann weiter nach St. Wolfgang zu ziehen, so die Heimatforscherin Frau Gann in Pischelsdorf.

Was ist denn an Hart so groß, dass die Wolfgangspilger einen Umweg in Kauf nahmen? Die dortige Wallfahrt geht auf ein Ereignis im Jahre 1493 zurück. Damals hatte ein nicht sehr religiöser Mensch in der benachbarten Kirche Auerbach das Ziborium mit den Hostien gestohlen. Der Dieb versteckte das kostbare Gut auf dem Bergrücken unter einer Buche. Doch der Bauer vom nahen Dienstgut des kurfürstlich-bayerischen Waldes entdeckte beim Streurechen das schimmernde Gold und damit das Ziborium. Er verständigte den Pfarrer von Pischelsdorf. Daraufhin kamen Vertreter der Obrigkeit aus Burghausen und der Bischof von Passau, um feierlich das Ziborium in die Kirche von Pischelsdorf zu tragen.

Dies muss bei der Bevölkerung einen solchen Eindruck gemacht haben, dass die Menschen in großer Zahl zur Fundstelle pilgerten und dort beteten. Bald wurde eine hölzerne Kapelle mit einem Opferstock errichtet, der heute noch vorhanden ist.

Obwohl die weltliche Obrigkeit und auch die kirchliche Leitung von Passau die Wallfahrt verboten, blieb sie bestehen. 1508 wurde dann ein Mesnerhaus gebaut, damit immer ein Mensch anwesend war, und 1515 wurde mit dem Bau der Kirche begonnen. Die Steine nahm man von der mittelalterlichen Burg auf dem nahen Schlossberg. 1544 bereits wurden eine Taverne und vier Söldnerhäuser errichtet. Dies zeigt, dass Pilger von weither kamen und eine Taverne benötigten. Die Kirche schildert heute noch in Gemälden eindrucksvoll die Geschichte des Hostiendiebstahls und die Auffindung der hlst. Gaben. (Wenn die Kirche versperrt ist, den Schlüssel im zweiten Haus bei Frau Heinzl, Hart 15, erbitten.)

Auch Hart blieb nicht von den Wirren der Reformationszeit verschont. Der Graf von Mattighofen gehörte dem Geschlecht der Orthenburger an, die protestantisch geworden waren. Daher wurde erst 85 Jahre nach Errichtung der Kirche der Hochaltar geweiht.

Von 1630 bis 1912 war ein Priester im Rang eines Benefiziaten ständig an der Kirche. Jährlich pilgerten achtzig Gruppen aus dem Innviertel, aus dem bayerischen Raum und aus der Salzburger Gegend zu dieser Kirche. Bis zur Zeit des Kaisers Joseph II., dem gemäßigten Aufklärer Österreichs, nahm die Kirche wegen der vielen Wallfahrer viel Geld ein. Aber nachdem 1779 das Innviertel als Folge des bayerischen Erbfolgekrieges von Altbayern abgetrennt wurde, ebbte der Wallfahrerstrom ab und nur noch wenige Pilger kamen nach Hart. Stattdessen begann mit dem Bau der Marienkirche in Maria Schmolln eine neue Wallfahrt und die Marienwallfahrer strömten nun zu dieser Anhöhe hinauf.

Von der Kirche aus führt der Altweg an der Taverne, dem namenlosen Wirtshaus, auf der rechten Seite vorbei, ebenso am Feuerwehrhaus und dann hinab ins Tal. Auf einer kleinen Straße zieht der Pilger nach **Humertsham** mit der Kapelle St. Maria, die um 1900 erbaut wurde. Sie wurde errichtet auf dem Grund der im 13. Jahrhundert erbauten Andreaskirche. Kaiser Joseph II. ließ im Jahre 1860 diese Filialkirche abbrechen. Die Steine wurden mit Ochsenkarren in kürzester Zeit nach Maria Schmolln gebracht für den Bau der neuen Marienwallfahrtskirche.

Gotische Dreifaltigkeit in Pischelsdorf

Durch Humertsham durchgehen, hinab in das Tal, wobei man an einem Christophorus-Marterl vorbeikommt. Unten die Hauptstraße überqueren und in östlicher Richtung auf dem Feldweg zum und in den Wald gehen. Gleich am Anfang des Waldes, bei der kleinen Bank mit dem Gedicht vom alten Menschen, den Kieshohlweg (geradeaus) die Anhöhe hinauf und oben bei der Dreieckskreuzung nach Osten; der Weg führt weiter durch den

Wald auf eine grasbedeckte Anhöhe. Beinahe im Zickzackkurs geht es nun über diese Wiese und nach **Unterlindach**. Auf der Asphaltstraße hinab ins Tal und dort südwärts Richtung Oberlindach, aber gleich rechts abbiegen und in den Spitzleithenweg hinein, über die Mattig hinweg, dann links die Gärtnergasse, rechts den Kühbachweg, wieder links die Fabrikstraße, rechts die Unterlochner Straße, beim Kreisverkehr die erste Abzweigung in die Römerstraße und dann hoch zur Kollegiats- und Pfarrkirche von **Mattighofen,** der Propsteikirche Mariae Himmelfahrt mit ihrem Kanonikerkloster ⛪🏛.

Dr. Peter Pfarl beschreibt den Radweg von Hart nach Mattighofen. Allerdings möchte ich diesen Radweg um die Jakobskirche von Schalchen erweitern.

*Mit dem Rad von Hart nordwärts nach **Pischelsdorf** mit der Kirche Mariae Himmelfahrt, die schon 739 erbaut wurde und mit Statuen des hl. Wolfgang und des hl. Bonifatius am Floriansaltar sowie einem gotischen Gemälde mit dem Gericht Christi in der Turmkapelle ausgestattet ist. Eine Besonderheit ist auch der Chorumgang vorne um den Altarraum.*
*Von der Kirche in Richtung Südosten die Hauptstraße nach **Schmidham,** dort links auf dem Radweg R 200 nach Unterlochen und der Hauptstraße entlang bis zur Siedlung. Dort die zweite Straße links nach **Schalchen** zur äußerst schönen Jakobskirche ❀, welche in Rokoko ausgeschmückt ist und mit kleinen Bildern das ganze Leben des hl. Jakobus samt seinen Legenden erzählt. Auf der Hauptstraße und der Braunauerstraße nach Süden zum Kreisverkehr in **Mattighofen,** dort die vierte Abfahrt (als würde man geradeaus fahren) hinauf zur Kollegiatskirche.*

i **Mattighofen** steht auf römischem Kulturland, wurde von Bajuwaren wieder besiedelt und war im 7. Jahrhundert vermutlich ein Wirtschaftshof der Agilolfinger. Wie Altötting wurde es nach der Absetzung Tassilos III. von den Karolingern übernommen und in einen Königshof umgewandelt. Während der Ungarneinfälle im 10. Jahrhundert wurde es verwüstet und verlor einen großen Teil seiner Bevölkerung.

Hundert Jahre später kam das Gebiet unter die Herrschaft des bambergischen Hochstiftes. Kurzfristig waren die Orthenburger Grafen Herren über das Tal, dann die Kuchler aus Hallein. Im 15. Jahrhundert im Besitz von Landshut, kam es im 16. Jahrhundert wieder unter die Herrschaft des Grafen von Orthenburg und 1602 schließlich wieder unter die bayerischen Herzöge.

Die heutige Propsteipfarrkirche hat eine ebenso lange Geschichte: Im vierten Jahrhundert entsteht aus den Resten eines römischen Tempels eine Georgskapelle, die im 6. Jahrhundert durch eine Marienkirche ersetzt wird. Der hölzerne Königshofbau wird durch die Magyaren im 10. Jahrhundert zerstört. Der daraufhin errichtete romanische Bau erscheint urkundlich 1379. In der Spätgotik wird die romanische Kirche gotisiert, als 1430 das Kollegiatsstift errichtet wird. Ein Kollegiatsstift ist belebt von Weltpriestern unter der Leitung eines Dechanten oder Propstes. Sie führen ein Gemeinschaftsleben und pflegen, wie die Chorherren, die feierliche Liturgie des Stundengebetes, bleiben aber Seelsorger der Gemeinde.

Gegründet wurde das Kollegiatsstift 1415 vom Pfarrer von Pischelsdorf, der dort als päpstlicher und kaiserlicher Notar wirkte. Nachdem dem Stift das Mattigtal mit dem unteren Rotttal um Bad Füssing und Bad Griesbach als Besitz geschenkt worden war, wurde das Kollegium auf acht Priester aufgestockt. Der Pischelsdorfer Pfarrer wurde der erste Dechant.

Die Wirren der Reformation haben das Kollegium gestört, aber nicht zerstört, und so wird es 1685 zur Propstei erhoben.

Im 18. Jahrhundert wird die spätgotische Kirche barockisiert. Die Himmelfahrtskirche ist in ihrer Ausstattung schlicht gehalten, ohne Überschwänglichkeit. Am rechten Seitenaltar finden wir den hl. Franz Xaver.

Ein Abstecher nach **Schalchen** zur schönsten Rokoko-Jakobuskirche in Österreich lohnt!

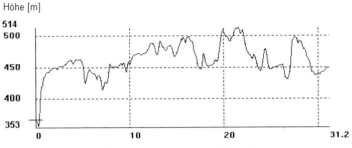

Wolfgangsweg Burghausen - Mattighofen

*Altar der Martinskirche in Straßwalchen mit St. Wolfgang
als Assistenzfigur beim Auszug,
ursprünglich St. Virgil, aber weil der Rupert kein Fass mehr hat,
kann die Figur auch als Wolfgang gesehen werden.*

10. Wolfgangsweg von der Kollegiatskirche Mattighofen nach Irrsdorf

Der Weg folgt dem Mattigtal südwärts ~ 24,1 km

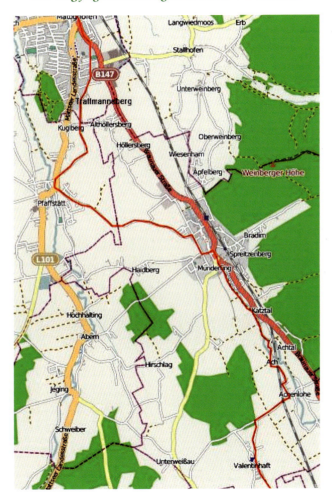

Von der Propsteikirche gegen Süden und über den langen Stadtplatz. Mit der B146 ortsauswärts, vorbei an der Volksschule und der Musikschule. Beim letzten Haus rechts in den Trattmansberger Weg.

Übernachtet man in „Elfis Gästehaus" in der Moosstraße 9, empfiehlt sich der Weg wieder zurück Richtung Stadtplatz, aber nach der Brücke rechts in die Rosengasse hinein, links den Mühlweg, rechts dann die Salzburgerstraße bis zur Abzweigung und schließlich rechts in den Trattmannsberger Weg.

Diese Straße führt langsam ins freie Land. Beim Bauernhof mit dem Milchautomaten links, bei der Kreuzung geradeaus auf die für den Verkehr gesperrte Straße nach Pfaffstätt. Dort gleich am Ortsbeginn an der Hauptstraße unten links und wiederum links die Anhöhe hinauf, gemäß dem Wegweiser Schule. Oben bei der Nepomukstele sehen wir auf der anderen Straßenseite einen Garten mit einer äußerst großen Anzahl von Zwergen, daran vorbei und vor zur gotischen Kirche St. Johann Baptist in **Pfaffstätt**.

i Pfaffstätt ist ein Ort voller Geschichte. Vorchristliche Keltengräber, Besiedlung durch die Bajuwaren im 6./7. Jahrhundert, was durch eine Urkunde bestätigt wurde, als 796 „Phaphsteti" dem Hochstift Passau übergeben wurde. „Phaph" könnte ein Eigenname sein, vielleicht auch die Berufsbezeichnung für Pfaff (Vater) im Sinne von Weltpriester oder hoher Kirchenmann. Christianisiert wurde das Mattigtal durch den hl. Rupert in der ersten Hälfte des 8. Jahrhunderts. Welche Kirche stand im Ort? Das Schloss Pfaffstätt, im 12. Jahrhundert auf dem Seidelberg gelegen, wurde im Mittelalter in das Tal der Mattig verlegt, in den heutigen Ort Pfaffstätt. Seit dem Mittelalter ist die Schlosskapelle St. Veit bekannt, die 1787 unter den kirchlichen Reformen Josephs II. zerstört wurde.

Wolfgang in der Kirche von Valentinhaft

i Anfang des 16. Jahrhunderts wurde die gotische Kirche, wie sie heute noch steht, errichtet. Nach dem Abbruch der Veitskirche wird diese Kirche zeitweise als „Schlosskirche des hl. Johannes des Täufers" bezeichnet, zeitweise als Filialkirche „St. Johannes e Viti", des hl. Johannes und Vitus.

Heute steht die Kirche als Tuffquaderbau, eingerahmt von Schule und Gemeindeamt, im Osten. Im Westen verläuft die Landschaftskante, unterhalb derer die Mattig fließt.

Die Kirche ist im Bereich des Hochaltars barock ausgestattet und im Mauerwerk mit reichhaltigem Rokoko verziert. Die Seitenaltäre sind klassizistisch gehalten. Im doppelstöckigen Auszug des Altars sehen wir zuoberst den hl. Vitus als Endfigur, darunter das Bild der Bischöfe Erasmus und Nikolaus, das von zwei anbetenden Engeln flankiert wird. Im Altaraufbau ist im Altarbild die Enthauptung des hl. Johannes des Täufers dargestellt, assistiert von den beiden Seitenfiguren St. Christophorus und St. Georg. Der rechte Seitenaltar zeigt Franz Xaver als missionarischen Jesuiten ohne Pilgerzeichen. Im Sebastiansaltar aus der Zeit des Rokoko ist im Auszug das Bild der Mutter Gottes vom Guten Rat zu sehen und St. Pantaleon als Assistenzfigur. An der oberen Brüstung der zwei Emporen finden wir im Apostoleion St. Jakobus.

Reisende konnten in dieser Kirche den Trost ihrer Heiligen finden und das gläubige Volk hatte hier vier Nothelfer vor Augen: Georg, Christophorus, Vitus und Pantaleon, dazu die Bauernheiligen St. Georg, St. Leonhard, St. Florian und St. Sebastian. Und als Vorbild für sakramentale und mystische Frömmigkeit konnten sie auf Johann Nepomuk, Franz Xaver und Antonius von Padua blicken.

Von der Kirche St. Johann Baptist nach Süden, rechts vom Gemeindeamt in den „Römerweg", der in leichten Kurven (könnte aus einem historischen Altweg z. Z. der Römer entstanden sein) nach Pfaffing führt. In **Pfaffing** steht die Marienkapelle Maria Hilf mit einem Hinterglasbild des hl. Christophorus. Diese Kapelle wurde 2001 als Erweiterung der Bildstele Maria Hilf erbaut. Die Bildstele selbst war der Rest einer seit alter Zeit vorhandenen

Kapelle, denn Pfaffing war einst ein pfarreigener Hof der Pfarrherren von Kirchstätt und lag am Altweg von Mattighofen nach Mattsee, den die Einheimischen „Römerstraße" nennen.

Nach dem Bauernhof links, auf der ruhigen Straße über **Hainberg** nach Munderfing. Mit dieser Straße wechselt der Pilger zum anderen Altweg, der von Mattighofen nach Straßwalchen führte.

Nach dem 15. Jahrhundert gingen die Wolfgangspilger über Höllersberg, weil sie sich dort mit den anderen Pilgern, die von Braunau kamen, an der ehemaligen Heiligkreuzkapelle trafen.

In **Munderfing** steht die Martinskirche, die schon im 12 Jh. unter dem Bischof von Passau zur Pfarrkirche wurde. Am Kirchenschiff ist im Süden die Johann-Nepomuk-Kapelle und im Norden die Pestkapelle angebaut. In der Pestkapelle sehen wir am Pietà-Altar den hl. Rochus ◉ , auf dem 7-Zufluchten-Altar der Johann-Nepomuk-Kapelle die Ölberggruppe: Petrus mit dem Schwert und Jakobus ◌ mit dem Buch.

Von der Kirche aus wandern wir an der B147 entlang nach Süden. Nach dem Landgasthaus auf der gegenüberliegenden Seite rechts über den Schwemmbach, links am Schwemmbach aufwärts auf dem in zwei Streifen asphaltierten Dammweg westlich des Flusses. Der Weg endet plötzlich in der Nähe des Bahngleises, hier nehmen wir die Straße rechts zum Weiler **Ach**. Am Torbogen eines großen Bauernhofes sehen wir oben in den Ecken links den hl. Leonhard und rechts den hl. Christophorus ◉ . Weiter geht es nach **Achenlohe** mit einer Marienkapelle am Ortsanfang. Im Ort halten wir uns auf der Dorfstraße rechts, beim Dreifaltigkeitsmarterl am Waldrand dann links zur Kirche **Valentinhaft**.

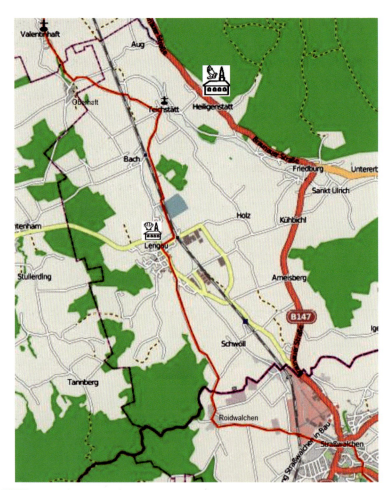

i In der vom hl. Wolfgang gegründeten Kirche St. Valentin befindet sich ein Wolfgangsstein und somit ist sie eine Wolfgangs-Wallfahrtskirche 🏞️. Aber nicht nur dies: Valentinhaft war lange Zeit ein beliebter Wallfahrtsort 🕯 zu Ehren des hl. Valentin, um die „hinfallende Krankheit" (Epilepsie) abzuwehren.

Die Kirche wurde erstmals 1179 urkundlich erwähnt und im Bauwerk sind die gotischen Mauerreste noch zu erkennen.
In der barock ausgestatteten Kirche steht St. Wolfgang als Assistenzfigur am Marienaltar mit dem Bild Maria Hilf und an der Südwand beidseits des Fensters sind noch gotische Wandbilder zu bestaunen.

Wieder zurück auf die Straße unterhalb der Kirche, dort weiter nach Süden an der Uferkante, im Talgrund dann auf der Asphaltstraße zum Damm. Am Damm links, vor den Gleisen rechts, an der Bahn entlang, beim nächsten Übergang links, hinauf nach Teichstätt. Gleich bei der Kreuzung in Teichstätt lohnt es, den Abstecher von einem Kilometer nach **Heiligenstatt** zu machen. Ebenso lohnt der ganz kurze Abstecher zur vom hl. Wolfgang gegründeten Kirche von **Teichstätt**.

i Die Wallfahrtskirche **Heiligenstatt** ist dem hl. Matthäus geweiht. Weil im Jahre 1400 eine Frau im Wald eine große Hostie fand, wurde die Kirche zur Verehrungskirche der hl. Eucharistie. Im 15. Jahrhundert und in der Zeit des Barock und Rokoko war Heiligenstatt ein von vielen Pilgern besuchter Wallfahrtsort und im Rang nahe an Altötting und St. Wolfgang. Die Pilger kamen aus dem ganzen bayerisch-österreichischen Grenzraum. So war dieses Gotteshaus sicher auch eine Pilgerstation auf dem früheren Wolfgangsweg.
Heute finden wir in der Kirche am Hochaltar eine gotische „Schöne Madonna" und im Auszug das Bild des ehemaligen Wallfahrtszieles, ein Bild der hl. Eucharistie. Dem Eingang gegenüber steht eine große Figur des hl. Jakobus im Pilgergewand.

Teichstätt ist als „Tichsteti" bereits in einer Urkunde von 776 erwähnt. Der kleine Ort besitzt ein unscheinbares Schloss und die Kirche St. Laurentius. Diese steht als kleines Kirchlein, einer Kapelle gleich, zwischen zwei großen Bäumen. Aber diese Kapelle ist nur ein Ersatz für die ehemalige Kirche. Diese wurde 1786 gesperrt und ist 1879 einem Brand zum Opfer gefallen.

Kirche von Lengau

Nach den Abstechern wieder zurück zur Kreuzung am Ortsanfang von Teichstätt: Gegen Westen links Richtung Lengau bis zum Gasthaus Ledl bei der Haltestelle der Bahn, vor der Bahn links und nach dem Bahngleis südwärts. Bei der aktiven Kiesgrube die Bahngleise überqueren, auf dem Feldweg links wieder an der Bahn entlang, dann bei der Haltestelle rechts *(Radfahrer bleiben auf der Straße an der Kiesgrube und kommen so zum Bahnübergang)* in den Ort Lengau, bei der Hauptstraße und der Marienkapelle links. Beim Jägerwirt rechts und gleich die Kirchenstraße links zur Jakobskirche ♠.

i Lengau war früher der kirchliche Mittelpunkt des südlichen Mattigtales. Vor 1440 wird Lengau als Filialkirche von Schalchen genannt. Um 1050 soll eine hölzerne Kirche bestanden haben, mit der Wiederbesiedelung durch Franken und Schwaben im 12. Jahrhundert entstand dort eine romanische Steinkirche, von der wir in der heutigen Kirche beim Eingang noch eine erhaltene Säule sehen können. Als um 1440 die eigene Pfarre Lengau gestiftet und dem neuen Kollegiatsstift Mattighofen untergeordnet wurde, erbaute man die gotische Kirche.
Im Innenraum finden wir viermal Jakobus ♠: eine gotische Figur des Heiligen an der Südwand, das barocke Altarbild mit Jakobus, das barocke rechte Seitenaltarbild, wo Jakobus vor der hl. Eucharistie kniet, und an der Emporenbrüstung sein Bild im Apostoleion.
Dazu stehen als große Assistenzfiguren neben dem Hochaltarbild der hl. Alexius ● und der hl. Nikolaus ●. (Der Nikolausfigur fehlen die drei Kugeln auf dem Buch. Sollte darauf ein Fisch gewesen sein, wäre es St. Ulrich – auch ein Hinweis auf einen Altweg). Das Bild „Maria Hilf" befindet sich am linken Seitenaltar.

> Also eine echte Wegkirche an einem Altweg. Es war hier in der Tat die Einmündung der Altstraße von Mattighofen nach Straßwalchen in die ehemalige Römerstraße Linz – Wels – Salzburg.
>
> Lengau ist auch berühmt wegen des großwüchsigen Franz Winkelmeier, der eine Körpergröße von 2,58 m hatte und etwa zwanzig Jahre lang hier lebte. Er fand seine letzte Ruhestätte neben den Eingang an der Südseite der Kirche.

Martinskirche mit ehem. Prioratskloster in Straßwalchen

Von der Kirche aus die Kirchenstraße südwärts weiter bis zum Ende, dort dann links auf der Hauptstraße, dann rechts nach Süden. Von der Hauptstraße rechts in die Straße „Rosengarten" mit den Radwegen, aber gleich wieder links nach dem Bauernhof die „Wetterkreuzstraße". Sie führt zum Wetterkreuz an der Hauptstraße. Dort rechts die Flurstraße, über **Schwöll** nach **Haidach,** die Straße überqueren, vorbei an der Marienkapelle mit Notburga und Isidor außen, am riesigen Autolager des Zolls westlich vorbei, dann rechts nach Straßwalchen hinein. In Straßwalchen immer geradeaus, wobei man an einer Marienkapelle vorbeikommt. Bei dem gestauten Schwemmbach links, dann rechts über die Brücke und über die B1, rechts am Gasthaus Lebzelter vorbei und die Stufen hinauf zur Kirche St. Martin mit dem ehem. Prioratskloster von **Straßwalchen**.

i Straßwalchen lag an der römischen Militär- und Handelsstraße von iuvavum (Salzburg) nach ovilava (Wels), die vom römischen Kaiser Septimus Severus (193-211 n. Chr.) erbaut wurde. Der Ortsname „-walchen" ist die germanische Bezeichnung für die Romanen. Der Ort wird erstmals urkundlich im Jahre 799 erwähnt, als der Salzburger Bischof Ort und Kirche von Straßwalchen dem 748 gegründeten Benediktinerkloster Mondsee überließ. Dabei blieb es bis zur Auflösung des Klosters unter Joseph II. Im Jahre 1462 erhielt der Ort das Marktrecht mit dem Recht auf ein eigenes Siegel.

Die Geschichte der Kirche konnte durch archäologische Grabungen nachgewiesen werden. Der älteste Steinbau wurde im 8./9. Jahrhundert errichtet und im 12. Jahrhundert erweitert. 1335 wurden Ort und Kirche zerstört. Die neue Kirche wurde 1408 in ihrer Erstform, 1444 in der Vollendung durch den Passauer Weihbischof geweiht. In der Barockzeit wurde der Kirchenbau barockisiert, in der Zeit des Rokoko nochmals erweitert.

In der Kirche St. Martin finden wir im Auszug zwei Assistenzfiguren, die als Bischöfe dargestellt sind. Der linke Bischof trägt sein Buch waagrecht. Wie in Lengau fehlt hier das darüberliegende Attribut, der Fisch oder die Kugeln.

Stattdessen steht neben seinem Sockel auf dem Boden ein kleines Salzfass. Die rechte Figur trägt eine überbreite zweitürmige Kirche: Es handelt sich also heute um St. Rupert und St. Virgil, den Diözesanheiligen von Salzburg. Als jedoch das Kloster Mondsee noch existierte und dem Bischof von Passau unterstand, stellten die Figuren noch eindeutig den hl. Nikolaus und den hl. Wolfgang dar.

Im linken Seitenaltar sehen wir im Altarbild das Gnadenbild von Maria Dorfen in Oberbayern. Dies zeigt uns, dass die Freisinger Pilger über Erding, Dorfen, Mühldorf und Altötting nach Straßwalchen kamen.

Wir finden im Chorraum eine gotische Madonna und gotische Wandmalerei und freuen uns an der Statue des hl. Nikolaus an einem Langhauspfeiler.

Der große dreiflügelige Pfarrhof mit seiner schönen barocken Architektur war einst ein Priorat der Mönche des Klosters Mondsee. Der Wolfgangspilger ist also mit Ankunft in Straßwalchen im Bereich des Klosters Mondsee und findet überall in den Kirchen wertvollste Kunst. So wie unter dem Krummstab von Ranshofen die Orte Gilgenberg und Handenberg edelsten Barock erhielten, so wurden auch im Mondseeland in der gotischen Zeit viele Kirchen neu erbaut und im Barockzeitalter mit edelstem Barock ausgestattet. Wie schön, dass der Pilger am Ende seines Weges immer mehr Kulturgut von hohem Rang erleben kann. Der hiesige Meister des Barock heißt Meinrad Guggenbichler.

Nach der Besichtigung der Kirche gehen wir durch den Torbogen des Pfarrhauses, vorbei an den drei Garagen, dann rechts Richtung Friedhof. Noch am Parkplatz gleich wieder in die rechte Straße, die Andreas-Thalhammer-Straße, die ins Tal führt. Unten im Tal links den Staudenweg, vorbei an der Lourdeskapelle bis zum Sägewerk. Dort die Straße links abwärts. An der B154 auf dem Radweg links bis zur Bushaltestelle, die B154 überqueren und beim Gasthaus Asen links. Die alte Straße, heute Siedlungsstraße, gegen Südosten, wobei der Pilger an einer Marienstele mit dem Bild der Mutter Gottes vom Guten Rat sowie an einem Feldkreuz vorbeikommt. Wenn die Straße auf eine Querstraße trifft, dem Salzkammergut-Radweg „Barocktour" nach rechts folgen, über die Brücke, danach links. Das ist die untere Dorfstraße von **Irrsdorf.** Beim Gasthof Fischinger nach links und auf dem Pfad zum Wirt neben der Kirche.

i Schon gegen Ende des 10. Jahrhunderts besaß Irrsdorf eine Kirche. Dieses gotische Gotteshaus wurde am gleichen Tag im Jahre 1408 geweiht wie die Straßwalchner Kirche und auch vom gleichen Bischof. In der Barockzeit wurde die Kirche dem Stil der neuen Epoche angeglichen, aber 1834 wurde sie in den Wandpfeilern verstärkt und erhielt breite Gurtbögen im Gewölbe für eine bessere Statik.

Beim Betreten der Kirche erfreuen die beiden gotischen Türflügel: die zwei wichtigsten Frauen unserer Heilsgeschichte tragen ihre von Gott verkündeten Kinder: Maria und Elisabeth als schwangere Mütter, welche das Bild des jeweiligen Kindes zur Kennzeichnung auf dem Bauch tragen.

Drinnen können wir den reichhaltigen Barock der Altäre bewundern: das gotische Gnadenbild der Schönen Madonna vor dem barocken Hochaltarbild der Himmelfahrt Mariens, als Assistenzfiguren stehen St. Martin und St. Wolfgang ⚲ direkt beidseits des Bildes; in äußerer Anordnung dazu noch St. Georg und St. Florian. Im Auszug stellt ein Gemälde die Dreifaltigkeit dar, assistiert von den Figuren St. Johann Baptist und St. Johann Evangelist.

Um den Auszug herum tragen Engel die Attribute der Anrufungen Mariens in der Lauretanischen Litanei (von links nach rechts): du Haus Gottes, du goldenes Gefäß, du Tor des Himmels, du Turm Davids, du Spiegel der Gerechtigkeit.

Im Chor wurde gotische Malerei freigelegt. Unter dem Chorbogen steht auf römischem Altarstein eine gotische Kalksteinmadonna und beim Hinausgehen erkennen wir an der Empore auf den Säulen die gotische Verkündigungsszene. Der Engel Gabriel erscheint im Gewand eines Diakons.

Es wäre schade, wenn der Pilger keine Zeit finden könnte, zur Kirche hochzugehen, denn sie ist als gotischer wie barocker Schatz der Marienverehrung wirklich sehenswert.

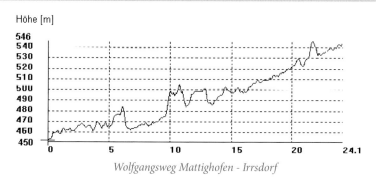

Wolfgangsweg Mattighofen - Irrsdorf

Gotische Dreifaltigkeitsdarstellung mit Maria in der Kirche von Straßwalchen

*Maria und Elisabeth an der Eingangstüre der
Marienwallfahrtskirche von Irrsdorf*

11. Der Wolfgangsweg von Irrsdorf zur Klosterkirche in Mondsee

Dieser Weg führt von Irrsdorf, vorbei am Irrsee, nach Mondsee
~ 16,2 km

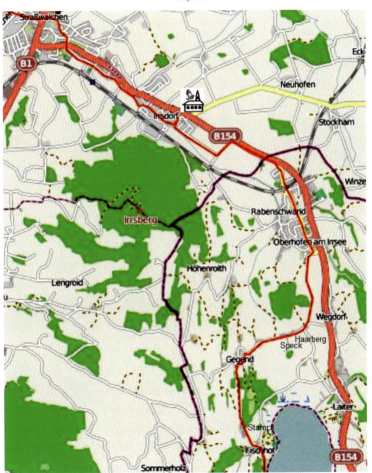

Von Irrsdorf aus gibt es einen historischen Weg, der in der Nähe der heutigen B154 verläuft, aber auch einen Weg, welcher einer verkehrsarmen Route folgt.

 Der Hauptweg westlich des Irrsees (verkehrsarme Strecke) ~ 17,7 km

Diese Route schlägt Dr. Peter Pfarl als Hauptroute vor, obwohl sie nicht der historische Pilgerweg ist.

Von der Marienwallfahrtskirche zu Irrsdorf kehren wir wieder zurück in die untere Dorfstraße. Dieser folgen wir weiter nach Südosten, gehen bei der Dreieckskreuzung nach rechts und unter der Bahn durch. Oben auf der Anhöhe geradeaus, an Feldkreuz und Bauernhäusern vorbei und über die Bergkuppe, mit Blick auf die Georgskirche zu Sommerholz und Oberhofen. Die Anhöhe hinab, unten links nach Rabenschwand. Bei der Dorfstraße rechts und über eine kleine Anhöhe zur gotischen Kirche von **Oberhofen**.

Von Oberhofen aus ist es der gleiche Weg bis zum Weiler **Gegend** nach der Hubertuskapelle. Im Weiler oberhalb der Häuser aber nicht rechts, wie oben beschrieben, sondern geradeaus mit dem Wanderzeichen rot-weiß-rot, vorbei an der Lourdeskapelle auf der ersten Anhöhe. Auf halber Höhe des folgenden Bergkammes links auf dem Wanderweg Irrsee-Nordmoor. Beim Haus „Gegend Nr. 5" links die Kiesstraße nach Irrsee-Fischhof. Diese Kiesstraße trifft unten im Seebereich auf eine Asphaltstraße. Diese rechts, vorbei am Campingplatz Fischhof, dann geradeaus und die Uferstraße mit ständigem bergauf-bergab entlang. Der Pilger kommt an einer unter zwei Linden stehenden Marienkapelle vorbei, von welchen die links neben der Kapelle stehende Linde bereits den

Status des Naturdenkmals erworben hat. Später führt die Straße an einer weiteren Lourdeskapelle vorbei. Am Ende des Irrsees geht es mit dem Oberösterreichischen Radweg R 2 zunächst rechts (Abbiegung nach Schusterberg), dann links. Wir kommen an einem großen Feldkreuz mit einem Hahn vorbei, an einem Maria-Hilf-Bild, angebracht an einem Baumstamm, und an de Feuerwehrhaus Tiefgraben mit dem Bild St. Kolomans. Danach bei der Kreuzung links auf dem Oberösterreichischen Radweg R 2, von **Schwand** nach **Haidermühle** und weiter. Wenn schließlich die Straße nach rechts abwärts über den Kanal hinweg zur Erlachmühle führt, den Radweg verlassen und dieser Straße zur Mühle hinab folgen. Links den Wanderweg an der Mühle vorbei und am Bach entlang auf dem Waldpfad durch das Helenental bis zur Eligiuskapelle im Bereich der Metallfabrik. Die Straße weiter am Fluss entlang, bis die beiden Türme der Klosterbasilika sichtbar sind. Dort rechts, die Straße, welche in einen Radweg mündet, dann die Dorfstraße, immer unser Ziel - die Basilika St. Michael zu **Mondsee** -im Blick.

---

i Mondsee liegt an der unter dem römischen Kaiser Claudius (41-54 n. Chr.) errichteten römischen Militärstraße. Daher verwundert es nicht, dass 1976 bei archäologischen Grabungen ein ehemaliger römischer Siedlungsplatz nachgewiesen werden konnte. Die ersten Mönche kamen schon weit vor dem Jahre 800 an diesem Ort. Unter Kaiser Karl dem Großen war Mondsee eine Reichsabtei, die in voller Blüte stand. Mit dem Sturz der Agilolfinger kam das Kloster 833 unter die Herrschaft der Regensburger Bischöfe. Fast neunzig Jahre später fegte der Magyarensturm darüber hinweg und das Kloster wurde geplündert und niedergebrannt, doch der ungebrochene Fleiß der Mönche ließ es wieder aufblühen.

Wiederum 40 Jahre später weilte der hl. Bischof Wolfgang von Regensburg ein Jahr lang in Mondsee. Der Grund seines Aufenthaltes war die Reformierung der Mönchsgemeinschaft im Sinne der Spiritualität der Bewegung von Gorze. In diesem Jahr gründete er auch die Kirchen in Teichstätt und seine Kirche am Abersee.

Im Jahre 1104 wurde die dreischiffige romanische Kirche St. Michael eingeweiht. Wieder folgte eine Blütezeit des Klosters, als die Mönche sich der Reform von Hirsau anschlossen. Der Reformabt Konrad aber wurde im Jahre 1145 wegen der erfolgreichen Reformen von einem Gegner erschlagen. Er wird als Seliger verehrt und am Ort seines Todes in Oberwang steht eine Kirche, die ihm geweiht ist.

Auch im 15. Jahrhundert erlebte das Kloster eine Blütezeit. So nahm Abt Johannes Trenbeck am Konstanzer Konzil teil und es wurde die gotische Kirche erbaut, die heute noch steht. Auch wenn sie im Barockzeitalter dann in der Mode dieser Zeit ausgestattet wurde, wirkten dort im Auftrag des Klosters echte Künstler, und so stehen in dieser Kirche Barockaltäre von hohem künstlerischem Rang.

1791 wurde unter den Stürmen der Aufklärung das Kloster von Joseph II. aufgelöst.

Heute finden wir am noch gotischen Sakristeiportal St. Wolfgang mit St. Benedikt als Bischöfe, die den Aposteln unterstellt sind. Auch am Hochaltar stehen diese beiden Heiligen, diesmal aber ganz nahe bei der Muttergottes, welche im Himmel gekrönt wird, und damit gleichsam innerhalb des Hochaltarbildes. Als Assistenzfiguren sehen wir St. Petrus und Paulus in ihrer jeweiligen Säulennische. Auf der Altarmensa steht, wie auf einer Brücke angeordnet, der Reliquienschrein des seligen Abtes Konrad, zusammen mit Katakombenheiligen aus Rom. Wir können den hl. Wolfgang an seinem ihm geweihten

Altar verehren; dieser Altar trägt auf der Mensa auch Reliquien des Heiligen. Es ist fast wie in Spanien: Wer Santiago di Compostela nicht mehr erreichen konnte, der erhielt alle Gnadenzusprüche bereits in der von Santiago di Compostela 100 km entfernten Stadt Villafranca. Auch hier in Mondsee trifft der Pilger schon auf den hl. Wolfgang – zur Genüge, sollte er keine Kraft und keine Zeit mehr haben, weiter in das enge Bergtal am Abersee zu ziehen.

Wer aber weiterzieht, kann am Sebastiansaltar den Pilgerpatron Rochus grüßen und am Josefsaltar sich noch die Fürbitte der 14 Nothelfer erflehen.

In der Blütezeit des Klosters im 15. Jahrhundert stiftete eine Bürgerin des Ortes eine Kapelle zum hl. Ulrich auf dem Hügel oberhalb des Klosters, die von einem Bischof zur Filialkirche geweiht wurde. Im Jahre 1706, im Zuge der Bedrängnisse im Spanischen Erbfolgekrieg wurde diese Ulrichskapelle umgebaut und als Gelöbniskirche zu Ehren Mariens wieder eröffnet. Dazu wurde feierlich das Maria-Hilf-Bild, das schon 1678 durch Stiftung eines Arztes, der eine Mondseerin geheiratet hatte, in den Ort kam, in die Marienkirche übertragen.

Am Hochaltar, wo - ähnlich dem Dom zu Innsbruck - das Maria-Hilf-Bild in der Mitte thront, steht als Assistenzfigur der Erzengel Raphael und im Auszug des linken Seitenaltars die Büste des hl. Wolfgang.

11b Der historische Weg von Irrsdorf östlich des Irrsees

Dieser Weg folgt der historischen Linie ～ 16,2 km

Von der Marienwallfahrtskirche zu Irrsdorf kehren wir wieder zurück in die untere Dorfstraße. Dieser folgen wir weiter nach Südosten, bei der Dreieckskreuzung dann links hinauf zur B154 auf dem Salzkammergut-Radweg „Barocktour". An der B154 geht es nach rechts weiter auf dem die Bundesstraße begleitenden Radweg. Er führt über die Bundeslandgrenze nach **Römerhof**. Dort rechts die Dorfstraße bis zur Bahnlinie der österreichischen Bundesbahn. Vorher ist das Schild der Jakobsherberge zu sehen (Frau Endesgrabner, Römerhof 13, 0043-6213/8229), denn hier kreuzt der österreichische Jakobsweg. Unter der Bahnlinie auf dem Radweg hindurch und die Dorfstraße entlang durch **Salzweg** und **Oberhofen am Irrsee** zur got. Kirche St. Blasius.

> Ort und Kirche von **Oberhofen** waren eine starke Säule des Klosters Mondsee. Daher wurde die St. Blasius und den Vierzehn Nothelfern geweihte Kirche im 15. Jahrhundert neu erbaut und in der Barockzeit schön ausgestattet. Dennoch hat neben dem barocken Bildnis der Vierzehn Nothelfer im Hochaltar auch ein gotisches Vierzehn-Nothelfer-Bild bis heute in dieser Kirche überdauert. Dies zeigt, dass diese Heiligen vom Volk gerne um Hilfe gebeten wurden.
>
> Dem Pilger wurden zwei Assistenzfiguren gewidmet, die mit Pilgerhut, Pilgergewand und Pilgerstab am linken Seitenaltar stehen: rechts der hl. Rochus und links ein Heiliger mit Zepter und niedergelegtem Herrschaftsapfel. Doch wenn man den Altar genau betrachtet, wirft er Probleme der Deutung auf: der Kirchenführer bezeichnet den linken heiligen Pilger als Sigismund und den Bischof im Altarbild als hl. Wolfgang.

Die den Bischof begleitenden Puttenengel tragen aber Schwert und Märtyrerpalme, was nicht auf St. Wolfgang zutrifft. Es passt aber zu Abraham (Abraamios) von Arbela, Bischof von Arbela, der um 345 in Telman in Persien unter den Verfolgungen des persischen Königs Sapor II. als Märtyer starb. Oder noch wahrscheinlicher: Wie die im 13. Jahrhundert von den Dominikanern weit verbreitete Legende erzählt, könnte es sich um Achatius, den Patron der unter Krankheit Leidenden handeln. Achatius sei ein aus Armenien stammender Mann gewesen, der zum Erzbischof von Seleukia (heute sind nur noch die Ruinen von Mahgaracik im Süden der Türkei an der östlichen Mittelmeerküste vorhanden) gewählt wurde und als Bischof durch König Sapor II. von Persien um 343 mit vielen anderen Bischöfen und Geistlichen hingerichtet wurde. Und der pilgernde König? Sigismund gründete das Kloster St. Maurice im Rhonetal, um dort von den Mönchen die Pilger am Grab des hl. Mauritius betreuen zu lassen, nachdem er vom arianischen in den katholischen Glauben übergetreten war. Aber er wird gewöhnlich nicht im Pilgergewand dargestellt. Wahrscheinlicher also ist es Richard von England, der Vater der Walburga, des hl. Willibald und des hl. Wunibald (alle drei waren bedeutende Benediktiner), der auf der Rückkehr von seiner Pilgerreise nach Jerusalem in Italien verstarb.

Von der Kirche aus wandern wir nach Süden, bei der Querstraße am Ortseingang rechts auf dem Tourenradweg R2 und dem VIA NOVA, vorbei an der Tischlerei Schober und an der vor der Anhöhe stehenden Hubertuskapelle unterhalb von Wegdorf. Von der Anhöhe aus hat der Pilger einen schönen Blick auf den Schafberg, den Irrsee und die auf dem Höhenrücken stehenden Radaranlagen sowie die Georgskirche in Sommerholz. Vor dem Weiler **Gegend** geht es rechts, dann links. Bei der nächsten Kreuzung geradeaus auf dem VIA NOVA (nicht mehr auf dem Tourenradweg R2), auch bei der nächsten Kreuzung geradeaus, dann bei der Dreieckskreuzung rechts und durch **Laiter,** immer unterhalb der B154. Nach dem Ort beginnt der Radweg an der Bundesstraße, diesem folgen wir über den Grabenbach und zum Wolfbauerngraben. Vor der Brücke die B154 überqueren, in den Güterweg hinein, dann rechts über das Wolfbauerngraben-Bächlein. Beim nahen Ramsauerbach die B154 wieder überqueren und am Bach entlang, durch den Weiler **Unterschwand** mit seiner Hofkapelle St. Maria hindurch und wieder hinauf zur B154. Dort auf dem die Bundesstraße begleitenden Radweg zur Dorfstraße von **Zell am Moos**. Diese führt direkt zum Wirt z'Zell und der dahinter stehenden Kirche St. Maria Himmelfahrt.

> *i* Die Kirche Maria Himmelfahrt in **Zell am Moos** birgt ebenfalls ein Rätsel: Wo ist denn das Gnadenbild Mariens, zu dem bis zur Errichtung der Maria-Hilf Kirche in Mondsee um 1706 die Wallfahrer beteten?
> Der Hochaltar stammt aus der ehemaligen Pfarrkirche zu Mondsee, die nach der Aufhebung des Klosters abgebrochen wurde. Da zu dieser Zeit die Wallfahrt schon lange erloschen war, ist das Gnadenbild anscheinend mit Aufhebung der alten Altäre in Zell am Moos beseitigt worden.
> Am linken Seitenalter sehen wir das Bild der 14 Nothelfer und an der Nordwand daneben befindet sich ein gotisches Pfingstbild.

Auf der Dorfstraße weiter, vor der B154 rechts durch die Straßenunterführung und vorbei an Feuerwehr und Volksschule. Danach links den Güterweg nach Hingen. Dieser führt oberhalb der B154 mit schönem Rückblick auf den Irrsee über **Hingen**, zunächst vorbei an einer Dreifaltigkeitskapelle und später an einem

Bildstock St. Maria und Johann von Gott. Nach dem Haus Triefgraben Nr. 36 mit Gärtnerei öffnet sich das Mondseetal mit einem herrlichen Blick auf den Mondsee und den Schafberg. Wenn beim verstreuten Weiler die Straße abwärts führt, links auf der Höhe bleiben. So kommt der Pilger nach der Abzweigung einer Sackgasse zur Maria-Hilf-Kapelle vor Schlössl. Durch **Schlössl** hindurch, unter der Autobahn durch, vorbei an der evangelischen Kirche und der Kalvarienkapelle, genannt Hochkreuzkapelle, die 1516 erbaut wurde und heute noch gotische Fresken zeigt. Hier sammelten sich im Anblick der zweitürmigen Klosterkirche die Wolfgangspilger und zogen die Straße weiter abwärts geradeaus zur Kirche St. Michael in **Mondsee**.

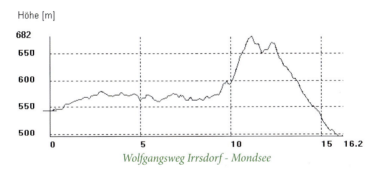

Wolfgangsweg Irrsdorf - Mondsee

i Mondsee kann man mit dem bayerischen Kloster Tegernsee vergleichen. Kloster Tegernsee entwickelte sich nach seiner frühen Gründung zu einem der bedeutendsten Klöster, bis es schließlich während der Säkularisation aufgelöst wurde. Der bayerische Fürst selbst nahm das Klostergebäude für sich in Besitz. Heute ist der Tegernsee ein Tourismusgebiet ersten Ranges. Auch das Kloster Mondsee wurde früh gegründet: im Jahre 748 durch den bayerischen Agilolfingerherzog Odilo II.

Schon bald entstand ein bedeutendes Skriptorium und damit auch eine Bibliothek. Zwar wurde die Entwicklung wieder gebremst, weil das Kloster vom Rang eines Reichsklosters in ein Regensburger Stadtkloster zurückgestuft wurde, doch konnte es durch zähes Ringen in der Reformzeit des 12. Jahrhunderts wieder seine Unabhängigkeit erreichen. In dieser Auseinandersetzung fand Abt Konrad II. (1127-45) einen gewaltsamen Tod, als er Lehensgüter zurückforderte. Das Kloster aber errang die Freiheit von Reich und Stadt und war nun ein freies Kloster, direkt Rom unterstellt.

Blick von Hingen Richtung Mondsee

i Es folgten noch zweihundert Jahre Fehden und Kriege, Seuchen und Naturkatastrophen. Danach, etwa um 1400, begann die Blütezeit des Klosters, in der auch groß gebaut wurde. Leider hat Kaiser Maximilian I. das Kloster an den Erzbischof von Salzburg verpfändet, doch 60 Jahre später konnte Maximilian II. es wieder auslösen und dem Ennsland zurückgeben.

Die Reformation brachte auch das Kloster Mondsee in Bedrängnis. Als sich die Wirren wieder gelegt hatten, erhielt Meinrad Guggenbichler den Auftrag, die Kirche in Barock neu auszustatten. Bis zu seiner Aufhebung im Jahre 1782 unter Kaiser Joseph II. hat sich das Kloster wieder entfaltet, so dass ein großer Dorfbrand 1662, bei dem auch die Kirche schwer beschädigt wurde, keine allzu großen Einbußen verursachte.

Nach der Aufhebung ging das Klostergut zuerst an den Bischof von Linz (die Diözese wurde durch Joseph II. geschaffen), dann unter Napoleon an einen bayerischen Feldmarschall als fürstlicher Herrschaftssitz. Durch spätere Nachfahren wurde das Klosterareal aufgeteilt und heute gehört ein Flügel der Klosteranlage der Pfarrei, ein weiterer den Gemeinden des Mondseelandes und ein dritter wird als Hotel geführt. Im Volksmund heißt aber das Kloster immer noch Schloss, wie in Tegernsee, und das Mondseeland ist ebenso ein Tourismusgebiet ersten Ranges.

Die Geschichte von Freud und Leid des Klosters Mondsee spürt man auch heute noch in der großen Klosterkirche St. Michael. Tritt der Pilger ein, so nimmt er sofort den hohen gotischen Raum wahr. Die Kreuzrippengewölbe mit Pflanzenornamenten und Pfeilern stammen noch aus der Zeit der Gotik. Die Ausstattung aber erstrahlt im Barock des Meinrad Guggenbichler. Der *Hochaltar* trägt die Gebeine des seligen Abtes Konrad II., darüber erblicken wir das Ziel des christlichen Lebens im Bilde der Krönung Mariens im Himmel, während im Auszug Michael das Böse endgültig besiegt. Schauen wir nun auf das begleitende Beiwerk: der selige Abt Konrad ist flankiert von Petrus und Paulus, zu Füßen der Darstellung der Krönung Mariens St. Benedikt und St. Wolfgang 🍃.

Oben auf der Höhe des Heiligen Geistes zeigen zwei Tafelbilder den Engel Gabriel, der Maria die frohe Botschaft bringt. Im Auszug begleiten den Erzengel Michael die beiden Assistenzfiguren St. Stephanus und St. Laurentius, die beide durch Gewalt ihr Leben verloren.

Der *Heilig-Geist-Altar* stellt Pfingsten dar; von der Hlst. Dreifaltigkeit der Geist ausgeht. Flankiert ist diese Darstellung vom hl. Benedikt und hl. Bernhard: Wahre Freude liegt im Gehorsam.

Der *Corpus-Christi-Altar* trägt das Abendmahlbild, Jesu Abschiedsmahl vor dem Leiden. Darüber die Gottesmutter als thronende Königin, neben ihr Barbara und Klara.

Am *Wolfgangsaltar* sehen wir den Heiligen im Himmel über Menschen, die hier auf Erden unter Krankheit leiden. Flankiert wird er von St. Placidus und St. Maurus, Schülern des Ordensvaters Benedikt.

Der *Arme-Seelen-Altar* zeigt uns die Seelen im Fegefeuer, dem Ort, an dem die schlechten Gewohnheiten ausgebrannt werden, wobei Maria fürbittend über ihnen schwebt, begleitet vom hl. Bernhard v. Clairvaux und dessen Schwester Humbelina.

Der *Sebastiansaltar* führt uns das Thema des Leids vordergründig vor Augen: Die Pest wurde als von Gott gesandte Plage gesehen. Sebastian wehrt durch seine Pfeile diese Krankheit ab, weil er ja von seinem ersten Martyrium wieder genas. Flankiert wird er von Rochus, der selber an der Pest erkrankte, und Rosalia mit dem Totenkopf, weil ihr Leichnam nach der Auffindung die Pest in Palermo beendete.

Die zwei Altäre des Petrus und der Maria zeigen die Schlüsselübergabe an Petrus bzw. die Verkündigungsszene. Spätere Altäre von Franz Anton Koch im Stil von Guggenbichler: Der *Johannesaltar* stellt die Taufe Jesu dar, flankiert von St. Martin, der sich vor der Erwählung zum Bischof im

Gänsestall versteckt hatte, und Hilarius von Poitiers, der den Arianismus bekämpfte. Darüber im Auszug die Offenbarung des Johannes, daneben Dominikus und Thomas von Aquin. Am *Josephsaltar* sehen wir die Heilige Familie, flankiert vom Evangelisten Lukas und der hl. Theresia von Avila, darüber das Bild der vierzehn Nothelfer, an den Seiten die Hl. Drei Könige. Der *Antoniusaltar* stellt den hl. Antonius von Padua dar, daneben den hl. Franz Xaver und den hl. Johannes Nepomuk, darüber die Stigmatisierung des hl. Franz von Assisi, flankiert vom hl. Sigismund und dem hl. Georg, welcher gegen das Böse zu seiner Zeit, dargestellt im Drachen, kämpfte. Der *Annaaltar* zeigt die Eltern Mariens, an den Seiten Katharina und Apollonia, darüber das Martyrium der hl. Gertrud sowie Cäcilia und Ursula, ebenfalls Märtyrerinnen. Im *Kreuzesaltar* erblicken wir den gekreuzigten Heiland, flankiert von zwei Bischöfen, darüber die Pietà, begleitet vom Apostel Andreas, Franz von Assisi und Maria Magdalena.
All diese Altäre mit ihren Anklängen von Freude und Leid haben als Assistenzfiguren oftmals Ordensheilige. Jedem Altar ist aber gemeinsam: Über allem Leid steht Christus, der geheimnisvolle Sieger, dessen Weg zum Sieg die Liebe ist, durch die wir in unserem Leben Hoffnung finden.

Das Sakristeiportal ist noch gotisch und zeigt eine Sammlung gotischer Heiligenfiguren, die, gleichsam einen eigenen Giebel bildend, über den Portal stehen: Jesus, Maria und Johannes, Petrus und Paulus, Wolfgang und Benedikt.

St. Wolfgang am Hochaltar von Mondsee

Gotischer Eingang zur Sakristei in der Klosterkirche zu Mondsee

Wolfgangsbrunnen bei der Wolfgangskirche

12. Wolfgangsweg von der Klosterkirche Mondsee zur Wallfahrtskirche St. Wolfgang

Der Weg folgt nur noch dem Verlauf des Tals und überwindet einen kleinen Pass ～ 21 km

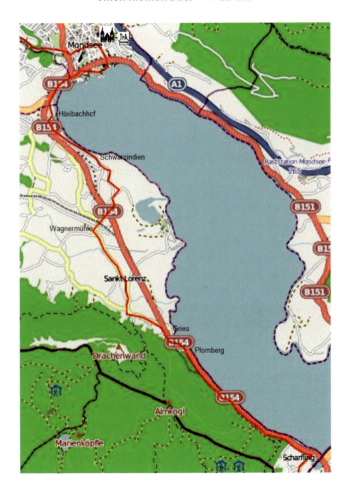

Von der Klosterkirche St. Michael 🕍 geht es zunächst rechts in die Kirchgasse. Bei der Kreuzung führt die Hilfbergstraße direkt hinauf zur Maria-Hilf-Kirche ⛪. Diese Straße aber müssen wir wieder zurückgehen, dann nach Süden den Dr.-Lechner-Weg, danach im Kurpark am nördlichen Rand entlang und schließlich führt uns links eine Allee zum See. Früher sind die meisten Pilger mit dem Schiff über den See gefahren, um dann im Süden weiterzuwandern.

Heute geht der Pilger aber um den See herum: Zunächst die B151 überqueren und rechts bei der Johann-Nepomuk-Kapelle bis zum Ufer. Am See dann rechts, auf der Allee vor den Kinderspielplätzen rechts zur B151. An der B151 links auf den Radweg, den auch der Tourenradweg R 2 benützt, bis zum Kreisverkehr in **Gaisberg**. Dort, nach dem Supermarkt, geht es links auf den Wanderweg, eine kleine Siedlungsstraße, die in eine Allee hineinführt. Am Ende mit dem Pilgerweg VIA NOVA die B151 überqueren und rechts hinauf zum nächsten Alleestück. Bei der Marienkapelle geradeaus und über **Bichl** (der Name kündigt schon den kleinen Berg an; Kreuzkapelle auf dem zweiten Höhenrücken) zur Dorfstraße nach **St. Lorenz**. Diese dann rechts, sie führt zur Kirche St. Lorenz.

i Nicht zu beweisen, aber es ist doch wahrscheinlich, dass die St. Laurentiuskirche in der Wasserlos am Mondsee („los" bedeutet hier „lus", das altdeutsche Wort für Los als Zuteilung von entwässertem Grund) bis in die späte Zeit der Römer zurückreicht. „Wasserlos" wird schon 854, die Kirche dagegen erst 1384 urkundlich erwähnt. In der jetzigen barocken Kirche ist am linken Seitenaltar im Altarbild der Erzengel Raphael mit Tobias ⚫ zu sehen, im rechten Seitenaltar der hl. Nikolaus ⚫, der einst drei junge

Frauen mit Gold beschenkte. Am Hochaltar finden wir ein Bild der Mutter der immerwährenden Hilfe.

Auf der Altstraße gehen wir weiter, vorbei an der neugotischen Marienkapelle, die als Dankkapelle 1865 errichtet wurde, und danach an der neugotischen Kreuzkapelle vorbei.

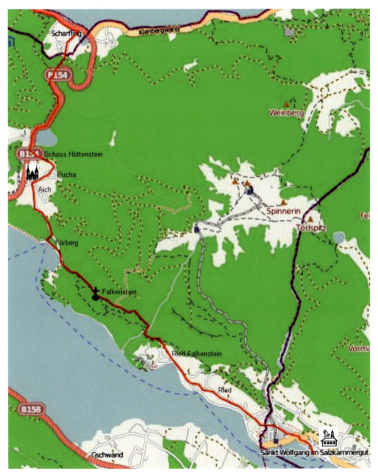

Der Altweg führt in **Plomberg** an die B151. Jetzt folgen wir dem langen Radweg an dieser Straße bis zum Ende von **Scharfling**. Dort vor dem letzten Wirtshaus rechts, bei der Gabelung dann links, am Waldrand die aus Kies bestehende alte Pass-Straße hinauf. Man kommt in der Mitte an der Ägidius- und Wolfgangskapelle, vorbei. Oben am Pass wurde der Altweg durch die neue Straße nach St. Gilgen getilgt. Die Radfahrer werden ab Scharfling schon auf die Trasse der Bundesstraße verwiesen, aber es fehlt ein begleitender eigener Radweg. Also auf der Trasse der heutigen Verkehrsstraße über die Passkuppe „Scharflingerhöhe" mit 600 m ü.d.M. und hinab nach **Krottensee**. Am Ende der bergab führenden Straße rechts unterhalb des Schlosses zum Europakloster. Nach einem kleinen Zauntor führt der Wanderpfad am Fuß des Berges am Waldrand entlang bis zur Straße am Bach. Dort rechts die Dorfstraße von **Fürberg** hinab bis zum bemalten Fortbildungshaus des Europaklosters. Wir gehen weiter bergab und erblicken auf der anderen Straßenseite ein großes gelbes Haus: das Europakloster.

Die Radfahrer bleiben auf der Verkehrsstraße ohne Radweg bis nach Fürberg. Nach dem Ortsschild Fürberg links weg in die Siedlung Fürberg. Am Anfang der Dorfstraße steht das Europakloster.

i Das Benediktinerkloster Gut Aich, das sich Europakloster nennt, war ursprünglich ein Gut am Wasser und Eigentum des Klosters Mondsee. Nach mehrfachem Besitzerwechsel erwarben es 1938 die Franziskanerinnen vom Kloster Au am Inn. Sie unterhielten bis 1989 ein Kinderheim in diesem Gutshof. Nach Aufgabe des Kinderheims und Weggang der Schwestern erwarben die Benediktinermönche mit P. Dr. Johannes Pausch das Gut.

Drei Säulen wollen die Benediktiner pflegen: die Einheit von Gebet, Meditation und Stille – heilende Hilfe am Mitmenschen im Hildegardzentrum – Spiritualitäts- und Wertevermittlung in und für Europa. So beten die Mönche täglich zu Mittag für Europa.

In der von moderner und internationaler Kunst beherrschten Klosterkirche wird ein Wolfgangsreliquiar ⁄ geehrt.

Fürberg liegt im Gemeindegebiet von **St. Gilgen**. Die Kirche des Pilgerpatrons St. Ägidius ⊚ gab dem Ort seinen Namen. Die Gemeinde liegt seit dem Jahre 750 im Salzburger Kirchengebiet und wurde während der Ungarneinfälle verwüstet. 1291 wird von einer Taufkirche St. Johann Baptist berichtet. Als Filialkirche der Pfarrei Thalgau wurde im Ort, damals noch Oberdrum genannt, um 1300 zum ersten Mal die St. Ägidiuskirche erbaut. In der Zeit der Gotik wurde sie erweitert und in der Barockzeit als neues Gebäude wieder errichtet.

In der Kirche stehen am Hochaltar neben St. Ägidius ⊚ der hl. Nikolaus ⊚ und St. Wolfgang ⁄, daneben sind in der Apsis auch noch St. Rochus ⊚ und St. Sebastian zu sehen.

Am Gut Aich kreuzt auch der der neue St. Rupert-Pilgerweg, der von St. Wolfgang kommt und über St. Gilgen nach Bischofshofen führt.

Der letzte Abschnitt des Weges folgt fast ganz dem VIA NOVA bis St. Wolfgang. Vom Kloster Gut Aich ⌂▦ bei dem Trafotürmchen südwärts in Richtung Hildegardzentrum auf der Siedlungsstraße, die vorbei an der Marienstele zum Berg hinführt, und dann am Berg entlang. Hinter dem letzten Haus vor dem Berg links biegen

Falkenstein

wir in den Feldweg ein, verlassen ihn bei der Kurve, gehen geradeaus weiter und den Waldpfad am Bach entlang. Der führt wieder zur Straße, dort links und - am Wolfgangsee angekommen - gleich wieder links. Nach dem Maria-Hilf-Marterl bei den drei Hütten links den Kiesweg hinauf. Bald beginnt diese breit ausgebaute Forststraße zu steigen, so dass man unwillkürlich an den Steilanstieg einer Römerstraße denkt, wo die Römer kurzfristig dreifache Pferdegarnitur vor den Wagen spannten. Diese Forststraße steigen wir hinauf, wobei Kreuzwegstationen am Rand den Weg begleiten. („Es gibt keinen so steilen Kreuzweg mehr in Oberösterreich", sagte uns eine Besucherin). Auf diesem Weg passiert der Pilger die Maria-Hilf-Nischenkapelle und die Golgothakapelle mit einem Steinhaufen wie der Cruz de Ferro am spanischen Jakobsweg. Auch hier am Falkenstein wurde von den

Pilgern ein Steinhaufen errichtet. Gleich danach kommen wir zur Falkenstein-Felsenkirche 🗺️⛪ mit einem Schlupfstein.

> *i* Erst 1350 ist die Legende entstanden, Wolfgang hätte sich während seiner Verbannung am hohen Joch zwischen Fürberg und dem Mondseestiftsland in der Felsenhöhle nahe einer Quelle in Gebet und Fasten zurückgezogen.
>
> Die Felsenkirche erinnert sehr stark an eine Katakombenkirche im Salzburger Petersfriedhof hinter der Klosterkirche St. Peter. Sie ist auf Höhe des zweiten Stockwerks an den Felsen geschmiegt und hat im Westen einen hohen Treppenaufgang. Der Altar ist der Legende gemäß St. Wolfgang geweiht. In der südlichen Felswand befindet sich ein Schlupfstein, der den Durchgang durch eine Felsspalte ermöglicht.

Nach der Felsenkirche führt die Straße vorbei an der Brunnenkapelle 🗺️⛪, an der Wolfgangslegenden-Kapelle 🗺️⛪, danach an der Hacklwurf-Kapelle 🗺️⛪, von wo aus der Pilger zum ersten Mal nach St. Wolfgang hinabschauen kann, und schließlich an der Wolfgangsrast-Nischenkapelle 🗺️⛪. So steil es hinaufging, so steil führt der Weg auch wieder abwärts. Am Ende steht dann die Dichtlkaplle am Rand des Weilers Falkenberg, wo früher immer die Wolfgangspilger vorbeikamen. Die Forststraße wandelt sich am Waldrand zum Asphaltweg. Ab der Dichtlkapelle führt sie über Ried bis hinein zur Ortsmitte von St. Wolfgang. Der alte Weg in der Wiese ist ein verfallender Flurweg, daher kann der Pilger nur unten im Uferbereich des Sees auf der Straße gehen. Diese führt ihn in Ried an einer Hausfigur des hl. Wolfgang und am Ortseingang an der evangelischen Kirche vorbei und endet schließlich vor der Wallfahrtskirche des hl. Wolfgang 🗺️⛪✨ in **St. Wolfgang**.

Von der Wolfgangsrast-Nischenkapelle kann man aber den schöneren, wenn auch nicht historischen Weg nach St. Wolfgang nehmen: Der neu errichtete Rupertweg führt auf der Anhöhe bis zur Höhe von St. Wolfgang und dann hinunter zur Wallfahrtskirche.

Da der Übergang über den Falkenberg geradezu alpin ist, bleibt der Radfahrer in Fürberg auf dem Radweg R2, der über St. Gilgen und Strobl nach St. Wolfgang führt, im Sommer aber durch die Radfähre eine Abkürzung über den Wolfgangsee bietet.

i Das Pilgerziel ist die gotische Wolfgangskirche, deren breiter Turm wie ein Wehrturm anmutet. Die Kirche ist dicht an den See gebaut und umgeben von einem Umgang, ähnlich wie die Marienwallfahrtskirche Rankweil in Vorarlberg.

Betritt man das gotische Gotteshaus, fällt der Blick auf zwei Altäre: den fast in der Mitte der Kirche stehenden barocken Messalter von Thomas Schwanthaler und den im Chor errichteten gotischen Flügel- und Schnitzaltar von Michael Pacher. Auf dem Barockaltar fesselt sofort der in der Herrlichkeit thronende Bischof Wolfgang unseren Blick. Wir betrachten die farbenfrohe Ausmalung des Kirchengewölbes sowie die vielen Legendentafeln, die das Leben des hl. Wolfgang erzählen und die Kirche dort zieren, wo keiner der vielen Altäre steht. Beim Rundgang findet der Pilger am Rosenkranzaltar Meinrad Guggenbichlers, der viele Kirchen im Mondseeland ausgestaltet hat, den Erzengel Raphael und die erhöhte kleine Kapelle des hl. Wolfgang, in der die Zelle des Heiligen nachgebaut wurde.

i Diese an Kunst und Lehrtafeln reiche Kirche ist einen langen Besuch wert. Ihre Schönheit und Fülle erhielt sie aus der Verheißung des hl. Wolfgang selbst: er werde Wunder wirken nicht an seinem Grab, sondern in seiner Kirche.

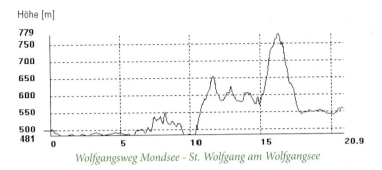

Wolfgangsweg Mondsee - St. Wolfgang am Wolfgangsee

St. Wolfgang am Wolfgangsaltar in der Wallfahrtskirche St. Wolfgang am Abersee

Wolfgangsweg-Variante Burghausen - Michaelbeuern - Mondsee

Die Nebenvariante des Wolfgangsweges nützt die direkte Verbindung von Burghausen nach Mondsee. Es ist die alte Route vom bayerischen Burghausen mit seinem Salzachübergang zu den Klöstern Michaelbeuern, Mattsee und Mondsee. So verwundert es nicht, dass der VIA NOVA hier seine ursprünglichste Form erhalten hat und den Pilger als Verbindungsweg von Kloster zu Kloster führt.

Nicht immer folgt die heutige Route der historischen Verbindung: So weicht der VIA NOVA zuerst gegen Westen an das Salzachufer aus und kommt erst in Vormoos wieder auf die alte Linie. Bei Neumarkt meidet er den Besuch der alten Wehrkirche und nimmt danach die weit ausschweifende Linie über Lengroid, ohne an die Jakobskapelle mit ihrer schönen Geschichte heranzuführen.

Die frühere Route des Wolfgangsweges von Burghausen über Hochburg durch den Weilharter Forst ist eine sehr alte Durchgangslinie bis Eggelsberg, ebenso die direkte Strecke über Vormoos nach Michaelbeuern und auch die über Perwang zum Kloster Mattsee. Auch die entlang der Grenze Salzburg - Oberösterreich verlaufende Route über Schleedorf und Köstendorf nach Neumarkt am Wallersee und die direkte Linie über den seit alter Zeit landwirtschaftlich genutzten Irrsberg führen den Pilger auf altem Weg zum Kloster Mondsee.

Die jetzige Route folgt von Vormoos bis St. Johann am Berg bei Köstendorf dem Verlauf der VIA NOVA, davor und danach aber führt der Wolfgangsweg in direkterer Form hin zum Kloster Mondsee.

Variante von Burghausen zum Kloster Michaelbeuern

Der Weg folgt der direkten Linie von Burghausen bis Michaelbeuern
~ 23,3 km

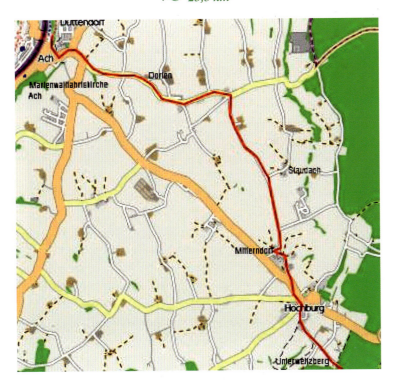

Von der Mitte des Stadtplatzes aus gehen wir zunächst über die Salzachbrücke, dabei halten wir uns links, um den bald nach der Brücke abbiegenden Radweg zu nehmen, der oben wieder an der Bundesstraße ankommt. Weiter geht es über die Gemeindegrenze Aich / Duttendorf. Am Ende von **Duttendorf** dann links, dem

Innviertler Radweg R 25 folgend, zuerst Richtung Gilgenberg bis zum Ortsende von **Dorfen,** bei der schlichten Fatimakapelle dann rechts auf einer kleineren Straße Richtung Staudach. Nach einer Anhöhe geht es an der Dreieckskreuzung geradeaus, nicht links nach Staudach hinein, sondern weiter auf dem Radweg R 25 nach Mitterndorf und **Hochburg.**

i Die jetzige Pfarrkirche Mariae Himmelfahrt von Hochburg mit ihrem hohen Turm hat ihre Wurzeln im ersten Jahrtausend. Im September 878 wird Hochburg als Königshof erwähnt. Im Jahre 1025 war es immer noch ein Königshof, der sich 1151 zum Pfarrsitz wandelte. Um 1330 aber verliert der Ort an Bedeutung, Geretsberg erhält den Pfarrsitz. Dennoch wird im 15. Jh. die jetzige gotische Kirche erbaut, welche später innen barock ausgeschmückt wurde.
Einiges aus der Gotik hat sich aber noch erhalten, wie zum Beispiel der Beschlag am Türflügel zur Sakristei und die Darstellung vom Tod Mariens, wo im Lindenholzrelief Jakobus mit Stab und Muschel gekennzeichnet ist, was ganz selten vorkommt. Da man annehmen muss, dass diese Darstellung bereits in der kleinen romanisch-gotischen Vorläuferkirche am Hochaltar war, deutet dies auf einen Altweg hin: Vom frühen bis zum hohen Mittelalter führte der Weg von Burghausen über Hochburg zu den Klöstern Michaelbeuern und Mattsee.
Dazu passt auch, dass wir im Apostoleion an der Empore Jakobus d. Ä. 🐚 mit Muschel, Stab und Hut finden.

Von der Kirche aus südwärts und nach dem Stiftsgasthof rechts Richtung Holzöstersee, vorbei am Franz-Gruber-Gedächtnishaus, mit dem Radweg R 25 links die Asphaltstraße hinab ins Tal bis zum Wald an der Ostseite und in den Wald hinein auf der Forststraße „Weiten-Hillinger-Weg". Weil von der Strecke des

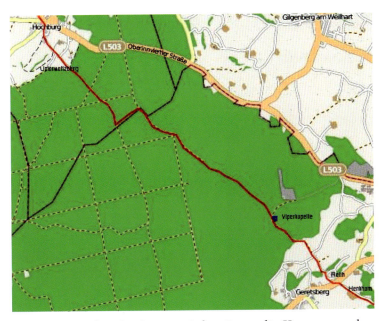

Radweges wieder abgebogen wird, müssen die Kreuzungen beachtet werden: zuerst Langauer Sitz, dann Hirschschweige und als drittes Jagerstraße. Hier geht der Wolfgangspilger links, vor bis zum kreuzenden Kiesweg, rechts ist das Rote Kreuz, nun geradeaus auf dem Waldweg, durch das Zauntor und immer geradeaus, vorbei am Gedenkkreuz Spitzwieser und vor bis zur Hubertuskapelle bzw. Viperkapelle, dann weiter geradeaus abwärts nach **Reith** und durch den Ort hindurch bis zur Staatstraße.

> *i* Der Ort **Geretsberg** mit seiner Kirche St. Peter und Paul ⚔ wurde nach der Zeit des hl. Wolfgang im 12. Jahrhundert gegründet (urkundlich 1120). Auch diese Kirche ist ein gotischer Bau mit barocker Innenausstattung. Am Hauptaltar steht als Assistenzfigur der Pilgerheilige St. Nikolaus.

Wir überqueren die Staatsstraße, folgen zunächst dem Radweg neben der Straße nach links, biegen aber gleich wieder rechts davon ab auf die Güterstraße nach Henkham. Bevor es steil bergab geht zu einem gelben Haus, gehen wir links hinauf zum alten Bauernhof und über den Hügel zum neuen Bauernhof von Bergstetten, dann geradeaus weiter, vorbei an den beiden Löschweihern, nach Trametshausen. Am Weiler wandern wir nördlich vorbei und auf der Asphaltstraße weiter bis **Eggelsberg**, zur Kirche Mariae Himmelfahrt.

i Eggelsberg ist eine Ortschaft aus der Zeit des frühen Mittelalters (im Turmbereich fand man noch romanische Reste), wird aber urkundlich erst erwähnt, als es 1134 zur Pfarre erhoben wurde.
Der jetzige Kirchenbau stammt, wie die Kirche von Hochburg, aus der Zeit der Gotik, hat aber noch den typischen Mittelpfeiler im Langhaus, so wie in der Gegend von Burghausen die hallenartigen Langhäuser der Kirchen gebaut wurden.
Auch hier finden wir wieder ein Portal mit gotischen Beschlägen, dazu schöne gotische Gewölbefresken mit graziösen Blumenranken.

In der Barockzeit war die Kirche Mariae Himmelfahrt Ziel einer ehemaligen Marienwallfahrt ☙. Zwar finden wir in der Kirche kein Gnadenbild mehr, dennoch zeigt der reichhaltig ausgeführte Barockaltar die ehemalige Finanzkraft der Wallfahrt. Der Pilger entdeckt jedoch noch die Pilgerpatrone Rochus ☙ am Hochaltar und Raphael ☙ am rechten Seitenaltar.

Vom Marktplatz geht es nach Osten hinab, vorbei an der Marienkapelle, die Renzlbergstraße hinauf, in S-Form durch den Bereich des Bauernhofes und hinab zur Asphaltstraße. Rechts bei der Gabelung auf dem Wanderweg 10 bis **Pippmansberg** und weiter über **Gebling** und **Oberhasling** bis zur Bezirksstraße, welche den Ort Ibm mit Feldkirchen bei Mattighofen verbindet. Diese Straße überqueren wir und wandern auf dem Kiesweg weiter südwärts. An der bald folgenden Gabelung gehen wir geradeaus nach Süden und kommen nach Überqueren einer kleinen Brücke schließlich oben bei der Kirche von **Vormoos** an.

i Im Jahre 1180 wird die Kirche St. Stephan in Vormoos neu gebaut, also bestand sie schon früher. Der heutige Bau wurde in der Barockzeit der neuen Epoche angepasst. Im linken Seitenaltar finden wir als Assistenzfigur St. Rochus und im rechten Seitenaltar die Assistenzfiguren St. Nikolaus und St. Wolfgang.

Von der Westseite der Kirche aus nehmen wir die Straße in südlicher Richtung, die zusammen mit der VIA NOVA in einen Kiesweg einmündet. Diesem Kiesweg folgen wir bis zur Gabelung am Kreuz, gehen dort aber nicht weiter auf dem Kiesweg bergan, sondern rechts auf dem Wiesenweg (VIA NOVA). Nach der Wiese dann über die Asphaltstraße, auf dem Kiesweg geradeaus durch die Senke und auf Wiesen- und Kiesweg nach **Schönberg**, das schon im Land Salzburg liegt. Nach dem blauen Stall nicht die Straße weiter und gegen Osten am Waldrand entlang, sondern gleich nach Süden den Feldweg rechts nach Dorfbeuern hinab; bei der folgenden Strauchgruppe den Feldweg nach Wagnerfeld weiter, der dann dort unklar endet: bei der zweiten Brücke das kleine Bächlein überqueren, beim gelben Haus Nr. 29 nach Westen zur Dorfstraße. Dort links, über die kleine Anhöhe, gleich danach bei der Kreuzung wieder links bis zur kleinen turmlosen hölzernen Marienkapelle. Dort rechts auf den Feldweg, der wieder über eine kleine Brücke führt und hinein nach **Dorfbeuern** zur Nikolauskirche.

Vom Friedhofstor folgen wir auf gleicher Höhe der Siedlungsstraße nach Osten, vorbei an den Sportplätzen, bis die Straße wieder in die Dorfstraße mündet. Nach dem Ortsschild von Michaelbeuern teilt sich die Straße. Hier gehen wir bei der Gabelung links zum Benediktinerkloster **Michaelbeuern**. Die Klosterpforte finden wir im nördlichen Vorhof des Klosters. Wenn wir auf der Westseite des Klosters zwischen Kloster und Gaststätte hindurchgehen, kommen wir zum romanischen Eingang der Klosterkirche St. Michael.

i Die St. Nikolaus-Kirche von **Dorfbeuern** ist ein denkmalgeschützter Bau der Gotik mit herrlicher Ausmalung des Rippengewölbes. Anfang des 19. Jhs. wurde die Kirche neu ausgestaltet. St. Nikolaus findet der Pilger über dem gotischen Eingangstor im Giebel des Spitzbogens. Im Jahre 1948 wurde ein gotisches Fresko freigelegt, das sogenannte „Fresko der hl. Margareta".
Die Benediktinerabtei **Michaelbeuern** reicht bis in das früheste Mittelalter zurück. Mitte des 10. Jhs. durch die Magyaren niedergebrannt, erhielt das wiederaufgebaute Kloster 979 Besitztümer durch Kaiser Otto II.; 1072 wurde die romanische Klosterkirche geweiht. 1266 und 1364 wurde das Kloster durch Brandlegung schwer beschädigt, danach wiederum aufgebaut. Von dem damaligen Neubau blieb das romanische Kirchenportal, ein Stufenportal, erhalten.
In der Zeit der Melker Reform blühte das Kloster auf, während der Reformation allerdings litt es durch den eigenen Abt, der zum evangelischen Glauben übertrat und danach schließlich abgesetzt wurde. Ein neuer wirtschaftlicher Aufstieg kam in der Barockzeit, schwere Zeiten durchlebte das Kloster aber unter dem Erzbischof Wolf Dietrich, während der Franzosenkriege sowie unter bayerischer Besatzung zur Zeit der Aufklärung und auch unter deutscher Besatzung während der Nazizeit. In der schlichten Klosterkirche St. Michael können wir im reichhaltigen Hochaltar die Auferstehung Jesu bewundern und im Längsschiff die lebendig gestalteten Engelfiguren von Guggenbichler, wobei wir Raphael oder den Schutzengel entdecken, dazu eine gotische Marienfigur.

Wolfgangsweg Burghausen - Michaelbeuren

Die gotische Darstellung des Todes Mariens in der Kirche von Hochburg

10v Variante von Kloster Michaelbeuern nach Neumarkt am Wallersee

Der Weg führt über die Stiftskirche Mattsee und die Marien-Wallfahrtskirche Köstendorf zur Nikolauskirche Neumarkt am Wallersee ⌢ 26,4 km

Von der Kirche aus auf der Dorfstraße, genannt Klosterstraße, weiter nach Osten, vorbei an der Kirche und am Brunnen und links bergab zur Umfahrungsstraße des Ortes Michaelbeuern. Diese Straße links weitergehen gegen Osten Richtung Thalhausen, nach 1 km dann rechts mit dem Radweg „Barocktour" abbiegen und auf einer Asphaltstraße durch den moorigen Talboden nach **Durchham**, dann den Berg hinauf auf einem Flurweg, wobei wir dem „Kaiser-Joseph-Weg 1179 Bierstraße" folgen. An Grub (links abseits) gehen wir vorbei und beim Eintritt in den Wald links hinauf. Oben treffen wir wieder auf eine Asphaltstraße. Ihr folgen wir nach rechts, an Apfeltal vorbei und bis **Perwang** zur Kirche St. Johann Baptist.

> *i* Der Ort Perwang wird urkundlich erstmals im Jahre 963 erwähnt. Vielleicht war auch damals schon eine Taufkirche im Ort. Die heutige Pfarrkirche ist die gotische Kirche St. Johann Baptist. Als Assistenzfigur finden wir in der einfachen Kirche St. Rochus.
>
> In Perwang verlief früher die Grenze zwischen Bayern und Salzburg. Daran erinnert noch heute das Zollmuseum im Ort.

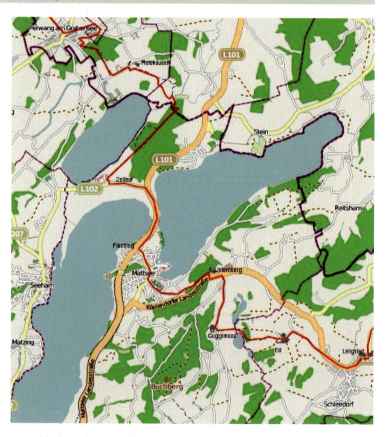

Unterhalb der Kirche liegt das Gemeindeamt, an diesem geht es vorbei und auch an der Volksschule im Westen, dann auf der Asphaltstraße nach Südosten. Am Ende dieser Straße links in die Seestraßen-Siedlung und auf dem Wanderweg „Grabensee" beim letzten Haus links in den Wald, durch Moor und wieder durch den Wald und schließlich über eine Wiese hinauf zum Grabensee. Bei der Asphaltstraße vor dem See dann links nach Rödlhausen. Am Ende des Sees, noch bei der Siedlung Rödlhausen, rechts den Flurweg abwärts und den Wiesenweg weiter bis zum Waldrand, dort rechts nach Mattsee, am Campingplatz vorbei, durch Schilf und über den Steg, rechts am kleinen Fluss entlang, dann wieder rechts – der Weg mündet in eine Forststraße (Fahrradfahren verboten!). Dieser folgen wir bis zum Ende; nicht links auf den wurzelreichen Waldweg am Waldrand Richtung Mattsee, sondern geradeaus durch die Allee bis zur Georgskirche **Zellhof** mit einer Marienwallfahrt.

> *i* Die Zellhofkapelle St. Georg und Unserer Lieben Frau liegt in einem ehemaligen Wirtschaftshof, der vermutlich schon bei der Gründung des Klosters Mattsee entstand. Dies zeigt auch der Name der Kapelle, wo zuerst St. Georg genannt wird, obwohl sie eine Marienwallfahrtskapelle wurde. Der heutige Bau stammt aus der romanischen Zeit, wurde aber barockisiert. Seit dem 17. Jh. ist die Kapelle Ziel der Muttergotteswallfahrt. Das heutige Gnadenbild im Strahlenkranz des barocken Hochaltars ist eine gotische Marienfigur, welche das Christkind auf dem Arm trägt.
> In der Kirche finden sich noch viele Votivbilder, die den Glauben des Volkes widerspiegeln.

Von Zellhof gehen wir zum Radweg an der Straße, dort links nach Osten und bei der Kreuzung rechts nach Süden in den Ort

Mattsee zur Stiftskirche St. Michael des Kollegiatsstiftes Mattsee (12 km von Michaelbeuern entfernt).

i Das Kloster Mattsee wurde in der Mitte des 8. Jhs. durch Herzog Thassilo III. als Benediktinerstift gegründet. Anfang des 11. Jhs. wurde es zu einem Kollegiatsstift umgewandelt: nun lebten hier Kanoniker nach der Regel des hl. Augustinus. Heute sind es Weltpriester, welche Kapitulare und Ehrenkanoniker sind. Von Anfang an blieb das Patrozinium der Stiftskirche bei St. Michael. Der Erzengel ist Patron der Sterbenden und vieler Menschen mit bürgerlichen Berufen: Bäcker, Apotheker, Kaufleute, Schneider. Wegen drohender Todesgefahr ist Michael aber auch Patron der Soldaten. Im Himmel kämpfte Michael einst gegen das Böse, hier in Mattsee wurde und wird er angerufen wegen der Sümpfe, die als Übel erlebt wurden.
Seit ihrer Entstehung durchlief die Kirche mehrere Bauphasen: vorkarolingische Holzkirche, ottonische Saalkirche, romanische Basilika in Kreuzform, gotischer Bau nach einem Brand auf den romanischen Grundmauern.
Heute finden wir den hl. Christophorus in einem spätgotischen Fresko, auf einer Konsole den hl. Rochus und in schönem Barock als Assistenzfigur am Hochaltar St. Raphael, nur den Fisch haltend. Dazu im Chorgestühl in der Reihe der kleinen Figuren des Apostoleions Jakobus d. Ä. Neben der Klosterkirche steht seit Gründung des Klosters noch die Laurentiuskirche, wenn auch heute im barocken Bau und turmlos. Sie wird als Friedhofskirche genutzt.

Im Südosten, oberhalb des Beckens von Mattsee und Obertrumer See, gab es früher in einer höher gelegenen Senke einen größeren See. Am Anfang dieser Senke, nahe der Straße Neumarkt – Mattsee, steht die Steinkreuzkapelle.

> In einer Urkunde des 14. Jhs. wird von einem in der Nähe liegenden „Mordgraben" berichtet. In der jüngsten Dorfgeschichte wissen die Alten noch für den Bereich um diese Kapelle den Namen „Einsiedel". Von dieser Kapelle aus führte früher ein direkter Weg nach Mattsee.
> Die Kapelle wurde über einem Sühnekreuz errichtet. Dadurch steht auch heute noch im Altarraum kein Altar, sondern dieses Sühnekreuz.

Von der Kirche aus gehen wir nach Südosten, an der Sparkasse vorbei in den Park, links sehen wir die Bajuwarenhäuser des Museums. An der Hauptschule rechts vorbei, die Siedlungsstraße links und gleich wieder rechts. Am Anfang der Münsterholzstraße links aufwärts, durch den Wald bergauf auf einer Forststraße und oben beim Bushäuschen rechts, vorbei an der alten Steinkreuzkapelle (links vom Weg liegt sie etwas in der Wiese) und an der Lourdeskapelle mit ganz kleiner Grotte (rechts liegend, von ihr aus sieht man gegen Osten über den See hinweg schon die Schleedorfer Kirche). Über **Gugglmoos** wandern wir weiter bis **Paltingmoos**. Hier nehmen wir links die Kiesstraße durch das Moor, ab der Brücke den Asphaltweg durch Wiesenflur bis zur nächsten Kreuzung. Hier links hinauf zu den Bauernhöfen, danach rechts auf dem Radweg bis **Schleedorf** mit seiner Kirche St. Stephanus.

> *i* Auch hier in Schleedorf ist die Baugeschichte des Kirchengebäudes bekannt: an der Schwelle zum 10. Jh. war sie eine Holzkapelle, im 13. Jh. eine gotische Kirche. Nach einem Brand 1872 wurden das Langhaus und der Turm neu erbaut.
> Im Hochaltar ist die Steinigung des Stephanus dargestellt. So erinnert der Kirchenpatron den Christen an die vielen Gläubigen, die wegen der Nachfolge Jesu Verfolgung ausgesetzt sind.

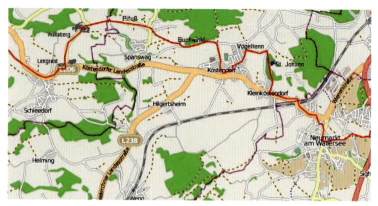

Kurz vor der Kirche links die Dorfstraße nach Norden hinab zur Hauptstraße, dann rechts auf dem Radweg bergauf bis Lengried. Am Ortsanfang von Lengried links, Richtung Tannberg und Wallsberg, die Straße hinauf nach **Wallsberg**.

i Von der Bank am Rand des Weilers schweift der Blick von den Bergen des Salzkammergutes über das Tennengebirge und das Steinerne Meer in die Berchtesgadener Alpen mit dem Watzmann und noch weiter westlich zum Kaisergebirge. Im Vordergrund von Ost nach West: Schafberg, Wiesenhörndl, Gaisberg über Salzburg, Untersberg, Hochstaufen mit Zwiesel, Hochfelln und Hochgern südlich vom Chiemsee. Ganz im Westen erblicken wir sehr nah den Hainberg mit der Kaiserbuche und den Buchberg südlich von Mattsee.

Durch Wallsberg hindurch, am Ortsende rechts, geradeaus über die Brücke und durch Pifuß hindurch. In Berg bei der ersten Kreuzung rechts, gleich wieder links und gleich darauf wiederum rechts beim Bauernhof mit dem Bild „Maria von der immerwährenden Hilfe" an einem Baum. Nun den Wiesenweg hinab mit herrlichem Blick auf St. Johann und St. Maria von Köstendorf und den Schafberg. Der Wiesenweg endet an der Asphaltstraße nördlich von Köstendorf; auf dieser Straße geht es nun ostwärts (jede andere Variante als durchgehender Feldweg im Tal wurde getilgt!). Bei der Kreuzung mit der Kirchenstraße lohnt sich ein Abstecher zur Dekanatskirche von Köstendorf ⚜.

> *i* Köstendorfs erste Kirche entstand schon im 8. Jh. Vierhundert Jahre später (1216) wurde sie Pfarrkirche einer Urpfarrei, welche bis Sommerholz und im Westen bis Henndorf reichte. Im Jahre 1627 wurde sie zur Dekanatskirche. Von Anfang an ist sie eine Marienkirche, welche heute das Heilsgeheimnis von Mariens Geburt trägt. Sie heißt daher Dekanatspfarrkirche zu Unserer Lieben Frau Geburt.
> Ebenso wie Arnsdorf und Großgmain war Köstendorf ein bedeutender Marienwallfahrtsort des Salzburger Flachgaus. Die gotische Wallfahrtsstatue ist zwar verloren gegangen, geblieben aber sind der jetzigen Dekanatskirche die „Drei goldenen Samstage" im Oktober.
> Die noch gotische Kirche wurde barockisiert und innen mit reichem Stuckaturschmuck und einem weit ausladenden Hochaltar versehen.
>
> Leider führt der Weg nicht über die Filialkirche St. Leonhard zu Weng. Die dortige Pfarrkirche war bis zum 15. Jh. St. Bartholomäus geweiht. Bartholomäus findet sich oft an Altwegen. Sind die Wolfgangspilger früher in den Altweg Seekirchen – Weng – Köstendorf eingebogen oder haben die Grafen von Weng, welche sich Pilgrim (im Sinne von Pilgerunterstützer) nannten, die Figur des hl. Wolfgang wegen des nahen Pilgerzieles St. Wolfang am Abersee in der Kirche aufgestellt? Oder schifften sich die Wolfgangspilger hier ein, um mit dem Schiff nach Neumarkt zu fahren?

Tatsache ist, dass am Leonhardsaltar die beiden Assistenzfiguren Bartholomäus und Wolfgang ⚘ stehen.
Der Weihwasserkessel dort weist eine unübliche Form auf: er war ursprünglich ein Fackellöschstein.

Von der Kirche aus gehen wir auf gleichem Weg zurück und weiter nach Osten bis zur Siedlung Vogeltenn, jedoch nicht ganz vor bis zur großen Straße am Siedlungsende, sondern rechts auf der Siedlungsstraße „Vogeltenn 11-14, 21-24" hinab zur Hauptstraße. Unten die Hauptstraße diagonal nach links überqueren und auf der kleinen Straße weiter bis zum Ortsanfang von **Gramling**. Dort rechts zum kleinen Wald auf einem Hügel und den Waldweg hinauf zur Kirche Sankt Johann (Bapt.) am Berg ⚘.

i Die in der späten Gotik entstandene Kirche wurde zu dieser Zeit auch zum ersten Mal erwähnt. Heute zeigt sich dieser gotische Bau im barocken Erscheinungsbild.
Warum steht das Gotteshaus allein auf dem Berg? Der Pestfriedhof mit 36 Personen, welche 1714 an der Pest starben, erklärt das Verschwinden des Ortes.
In der stets verschlossenen Kirche befindet sich ein reich verzierter barocker Hochaltar, der Zeugnis der einstigen Wallfahrt zum hl. Johannes dem Täufer ist.

Von Sankt Johann wandern wir die Asphaltstraße abwärts nach Süden bis nach Kleinköstendorf zur Hauptstraße. Diese überqueren wir und gehen links weiter nach Neumarkt am Wallersee. Auf der Verkehrsstraße die Bahngleise überqueren und nach dem Ortsschild bei der Abzweigung zum Bahnhof den kleinen Weg bis zur Siedlungsstraße hinab. Auf dieser Straße dann links, gleich darauf aber den Radweg rechts und auf einer kleinen Brücke über den Fluss, vorbei am ehem. Gesundheitsbrunnen bis zur

Hauptstraße und links die Stufen hinauf zur Kirche St. Nikolaus von **Neumarkt**.

> *i* Die Wurzeln der Neumarkter Nikolauskirche ⊛ reichen zurück in kriegerische Zeiten: sie ist eine Wehrkirche auf hohem Erdwall.
> Die heutige Kirche entstand aus dem Wiederaufleben alter Kunststile und zeigt sich jetzt mit neoklassizistischer Ausschmückung.

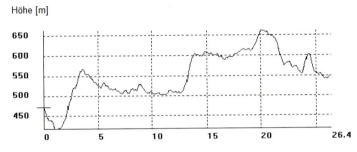

Wolfgangsweg Michaelbeuren - Neumarkt a. W.

Die Wallfahrtskirche St. Georg zu Sommerholz

Variante von Neumarkt am Wallersee zum Kloster Mondsee

Der Weg führt von Neumarkt am Wallersee über den Irrsberg mit der Georgs-Wallfahrtskirche Sommerholz hinüber zum Irrsee und dann das Tal entlang zum Kloster Mondsee ~ 18,3 km

Von der Kirche aus gehen wir südwärts auf den Stadtplatz, links ist das Touristenbüro, an diesem vorbei und die Statzenbachgasse bergab, auf einer kleinen Brücke über den Statzenbach und jenseits hinauf zum Bauernhof. Wir durchqueren das Hofgelände, danach links und über den Hügel mit dem Kreuz zwischen zwei

Bäumen und über die kleine Betonbrücke. Nun links den alten Asphaltweg hinauf und schließlich rechts die Stufen hoch zur Maria-Hilf-Kapelle. Von dort die Birkenallee geradeaus weiter und auf dem Wiesenpfad den nächsten Hügel hinauf. Oben angekommen, auf dem Asphaltweg hinab zum Kreuz an der Bundesstraße, beim Kreuz dann rechts, mit der Unterführung unter der großen Straße durch und auf dem nachfolgenden Feldweg weiter nach Pfongau. Bei der Kapelle die Ortsstraße überqueren und zum Bach, dort rechts bachaufwärts zur Filialkirche von **Pfongau.**

i In Pfongau war einst im Norden des Ortes die römische Straßenstation Tarnantone, die Kirche liegt also an der Römerstraße Salzburg – Wels. In der Tiefe des Kirchenbodens entdeckte man Steine als Zeugen eines karolingischen Bauwerkes, im Chorbereich wurden die ersten beiden romanischen Veränderungen nachgewiesen. Während der Gotik wurde die gesamte Nordmauer nach außen verschoben. So steht die Kirche heute als gotisches Bauwerk vor uns.
Von Anfang an war sie St. Martin geweiht. Im Inneren finden wir neben der Darstellung der Mantelteilung nur noch eine Statue des hl. Michael sowie eine gotische Darstellung der Krönung Mariens, welche aus dem Kloster Mondsee stammt.

Wir folgen der Straße weiter nach Süden (und verlassen damit den VIA NOVA) über den Steinbach bis zum östlichen Siedlungsende von Sighartstein. Hier biegt der Pilger links ab und nimmt die Straße und den Wanderweg nach Sommerholz hinauf. Etwa 500 m später bei der Gabelung links mit der Brücke über den Fluss und die ruhige asphaltierte Bergstraße hinauf. Oben durch Sommerholz-Wallester mit seiner Marienkapelle hindurch und bis zum Feuerwehrhaus Sommerholz. Vor dem Haus dann rechts weiter hinauf zur Hügelkuppe, auf der die Filialkirche St. Georg ⚜ steht.

i Hoch oben auf dem Irrsberg, zwischen den beiden Römerstraßen-Varianten der Verbindung Salzburg – Wels, steht die Georgskirche. Sie ist, da dieser Berg schon seit Urzeiten landwirtschaftlich genützt wurde, dem hl. Georg von Kappadozien geweiht, einem Bauern, wie die Überlieferung sagt.
Leider gibt der Kirchenführer nur zwei geschichtliche Daten an: 1475 bekommt die Kirche ein Dokument zur Gewinnung des Ablasses an diesem Ort. Und 1784 sollte sie als Vikariatskirche aufgewertet werden.
Der Hochaltar stammt von 1675 und ist in wertvollem, schwarzem Salzburger Barock ausgeführt. Die Figuren des St. Christophorus und des St. Jakobus d. Ä., welche als Assistenzfiguren am Hochaltar stehen, erinnern an die alte Zeit und den alten Weg. Gottvater und die Wetterheiligen Johann und Paulus weisen auf den immer schon landwirtschaftlich genutzten Berg hin.
Stammt diese abseits gelegene Kirche im Gebiet des Mondseer Klosters nicht doch schon aus der Römerzeit, als Versorgungsmittelpunkt für die römischen Soldaten?
Als regionale Wallfahrt hoch oben auf dem Berg scheint sie schon immer eine Rolle gespielt zu haben.

Auf dem waldreichen Kolomansberg steht die Holzkirche St. Koloman, welche 1462 mit dem Kolomansbrunnen erwähnt wird. Auch zu dieser Kapelle wurde gewallfahrtet.

Von der Kirche aus die Straße weiter in Richtung Süden, aber gleich hinter der Scheune links abwärts, dann rechts nach Stock mit seiner Kapelle Hlst. Dreifaltigkeit. Von dort weiter nach Süden auf einem Kiesweg, der bald durch den Wald etwas abwärts führt. Nach dem strengen Hinweis auf Fahrverbot (auch für Fahrräder) auf der Forststraße treffen wir links auf den Wander-

weg zur Ruine Wildenegg. Dies ist ein steiler Pfad, der uns bis ins Tal hinab führt. Unten mündet der Waldpfad in eine Forststraße, dieser folgen wir weiter abwärts bis zur Asphaltstraße, welche westlich des Irrsees entlangführt.

Hier wenden wir uns rechts nach Süden. Wir kommen an einer unter zwei Linden stehenden Marienkapelle vorbei (die Linde links von der Kapelle ist als Naturdenkmal anerkannt) und später an einer weiteren Lourdeskapelle. Am Ende des Irrsees folgen wir dem Oberösterreichischen Radweg R 2 zunächst nach rechts (Abzweigung nach Schusterberg), dann links, wir wandern an einem großen Feldkreuz mit einem Hahn vorbei, an einem Maria-Hilf-Bild, angebracht an einem Baumstamm, und an der Feuerwehr Tiefgraben mit dem Bild St. Kolomans ●. Danach bei der Kreuzung links auf dem Oberösterreichischen Radweg R 2 über Schwand und Haidermühle weiter. Wenn schließlich nach rechts abwärts, über den Kanal hinweg, die Straße zur Erlachmühle führt, verlassen wir den Radweg und folgen dieser Straße hinab zur Mühle. Wir gehen links auf dem Wanderweg an der Mühle vorbei und am Bach entlang auf einem Waldpfad bis zur Eligiuskapelle im Bereich der Metallfabrik. Weiter geht es auf der Straße am Fluss entlang, bis die doppeltürmige Klosterbasilika sichtbar ist. Dort wendet sich der Pilger nach rechts. Diese Straße mündet in einen Radweg und die folgende Dorfstraße führt uns schließlich zu unserem Ziel, der Basilika St. Michael zu **Mondsee**.

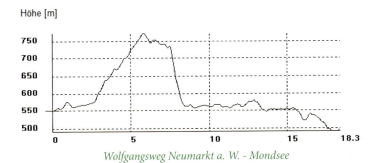

Wolfgangsweg Neumarkt a. W. - Mondsee

Raphael an einem Seitenaltar in der Wolfgangskirche am Abersee

Ein Radweg von Regensburg nach St. Wolfgang

Leider beschreibt Dr. Peter Pfarl einen Wolfgangs-Radweg,
den Hans Wieser von St. Wolfgang geschaffen hat, nur im Stil
einer Rennradtour, nicht aber als Kulturweg, da er viele
kleinere kulturell interessante Orte auslässt.
Er stellt ihn auch nicht als Pilgerweg vor, denn er lässt die
Kirchen des Hauptpilgerpatrons ebenso unbeachtet.
Um einen Überblick zu geben, wie viele Kultorte und Kulturorte
auf diesem Weg angesteuert werden können,
hier eine Auflistung.

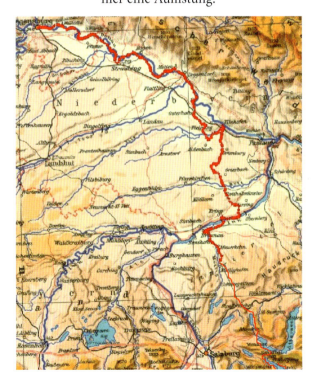

Donauradweg im Norden bzw. Osten der Donau

Schwabelweis:	Kirche St. Georg
Tegernheim:	Mariae Verkündigung
Donaustauf - Ort:	Kirche St. Michael
Donaustauf:	Wallfahrtskirche St. Salvator 🔥
Sulzbach:	Wehrkirche St. Martin
Demling:	Filialkirche St. Andreas
Bach an der Donau:	Kirche Mariae Geburt
Kiefenholz:	St. Jakob 🍁
Tiefenthal:	jenseits der Autobahn Kirche St. Wolfgang und Ulrich 🔑🏛 etwas auf der Anhöhe
Niederachdorf:	Wallfahrtskirche Hl. Blut 🔥
Pondorf:	Mariae Himmelfahrt
Kößnach:	Expositurkirche St. Gangolf
Unterzeitldorn:	Kirche St. Jakobus 🍁
Sossau:	Rokoko-Marienwallfahrtskirche Mariae Himmelfahrt 🔥
Straubing:	got. Basilika St. Jakob 🍁, Kirche St. Peter (z. T. romanisch), Ursulinnenkirche, ehemalige Jesuitenkirche Mariae Himmelfahrt, spätgot. Karmelitenkirche
Reibersdorf:	K St. Martin
Oberalteich:	Benediktiner-Klosterkirche St. Peter und Paul (Barockkirche) 🏛🏛
Bogen:	Pfrk St. Florian
Bogenberg:	got. Wallfahrtskirche Mariae Himmelfahrt🔥, Salvatorkapelle am Weg dorthin
Pfelling:	K St. Margaretha
Lenzing:	Kapelle St. Koloman ⊛
Mariaposching:	PfrK Mariae Geburt

Metten:	Benediktiner-Klosterkirche St. Michael mit Kloster (Barockkloster) ⛪🏛
Deggendorf:	PfrK Mariae Himmelfahrt, Spitalkirche St. Katharina (innen schönes Rokoko), got. K St. Peter und Paul ⚔ = Heilig-Grab-Kirche
Halbmaile:	Rokoko-Marienwallfahrtskirche 🔥
Niederalteich:	Benediktiner-Klosterkirche St. Mauritius mit Kloster ⛪🏛 (Kloster im Neobarock; Russische Kapelle im Klosterbereich

Donaufähre + Donauradweg im Westen der Donau
Thundorf:	Rokoko-Wallfahrtskirche Mariae Himmelfahrt und St. Qurinus 🔥

Aicha an der Donau: barock. PfrK Apostel St. Thomas
 (früher offene Hofmark)

nicht ausgeschilderte Route, da kein Radweg
Haardorf:	Wallfahrtskirche zum Kreuzberg 🔥 (der hl. Severin soll an dieser Stelle das Kreuz errichtet haben) rom. Kirche, innen barocke Ausstattung, außerhalb der Kirche Arkadengang
Osterhofen:	PfrK St. Georg und Kreuzauffindung; schöner Stadtplatz
Altenmarkt:	alte Pfrk St. Martin und Ulrich, Klosterkirche St. Margaretha des ehemaligen Prämonstratenserinnen-Klosters ⛪🏛 (Barockkirche) Wallfahrtskapelle Maria Zuflucht der Sünder (barock) mit spägot. Gnadenbild 🔥

**Altenmarkt –
Südrand:** Mariahilfkapelle,
genannt Frauenbaumkapelle ꙮ
Langennamming
Obernberg: K Johannes Baptist
Weidenbach
Wallerdorf: K Herz Jesu
Zeitlarn: K St. Jakobus ♥ (spätgot.; mit einer
Wallfahrt zum hl. Leonhard ꙮ)
Kohlstatt
Walchsing: K St. Michael
Aldersbach: rom K. St. Peter ✂; K St. Dionys Areopagita
(Portenkapelle) barock. Zisterzienser-
Klosterkirche Mariae Himmelfahrt ⛪▦

zum Vilstalradweg
Schönerting: spätgotische K St. Nikolaus ⚜,
Ausstattung barock, mit ehemaligem
Gnadenbild: Maria im Blumenkranz ꙮ
Lindamühl
Mattenham
Grafenmühl
Dorf
Weizenbach
**Kloster
Schweikelberg:** Benediktinerkloster mit neuer
Klosterkirche Heiligste Dreifaltigkeit ⛪▦

Abstecher nach Norden von
Vilshofen: Wallfahrtskirche Maria Hilf ꙮ und spätgot.
Friedhofskirche St. Barbara

Vilshofen:	Stadtpfarrkirche Johannes Bapt, ehem. Stiftskirche, neugot. Bau mit Einfügung got. Teile, barocke Ausstattung aus der Stiftskirche St. Nikola in Passau

Straße St 2083
Linda

Kreisstraße PA 18
Kapfham
Jaging

Obergiglbach:	ExpositurK St. Martin

Kreisstraße PA 78
Parschalling

Sammarei:	Wallfahrtskirche Mariae Himmelfahrt ♫

Kreisstraße PA 75

Rainding:	K St. Martin

Sachsenham

Raisbach:	got. Wallfahrtskirche Hl. Kreuz ♫
St. Salvator:	Prämonstratenser-Klosterkirche St. Salvator

🏛️▦

Niederham

Haarbach	K St. Martin
Grongörgen:	Wallfahrtskirche St. Gregor ♫ mit Wallfahrt zu St. Gregor und St. Leonhard

Oberndorf
Kroißen

Straße St 2324
Kemauthen
Wolfakirchen: ehem. Wallfahrtskirche Mariae Himmelfahrt

Edt
Brunndobl: *links Flurstraße zum Forst Klosterholz, einbiegen in Kreisstraße PA 75, links Flurstraße*

Churfürst
Buchet
St. Wolfgang: Wallfahrtskirche St. Wolfgang

Kreisstraße PA 72
Weng: K St. Johann Bapt.
Parzham: Venushof: Geburtshaus des hl. Bruders Konrad von Parzham

Aicha im Tal
Kindlbach: *links auf dem Rottal-Radweg entlang der B388, bei Querung der St 2116 rechts, auf dem Radweg entlang der St. 2116*
Meierhof: *bei Gabelung rechte Straße PA 61, links zum Sportplatz Asbach und hinauf zur Klosterkirche*
Asbach: Benediktiner-Klosterkirche St. Matthäus

Holzhäuser
Altschörg
Rotthalmünster: spätgotische Kirche Mariae Himmelfahrt
Wieskapelle zum Seligen End: Wallfahrtskapelle

Mater Dolorosa 🌸, entstanden nach dem 30-jährigen Krieg, barock, mit got. Gnadenbild, welches die Schmerzhafte Muttergottes darstellt.

Radweg alter Dammweg von der Wieskapelle weg
Kirchham: barocke Kirche St. Martin
Hoheneich
Geigen
Hart

Aigen am Inn: got. Wallfahrtskirche St. Leonhard 🌸
got. PfrK St. Stephanus

Aufhausen
Biberg
Urfahr
Asperl
Kühstein

St. Anna: got. Wallfahrtskirche St. Anna 🌸
Am Ortseingang: Maria-Hilf-Kapelle 🌸, wo sich Wunder ereigneten

Ering am Inn: spätgot. Pfrk Mariae Himmelfahrt; ehem. Spitalkirche Hl. Geist

Aham
Hagenau

Braunau: got. PfrK St. Stephan, got. Bürgerspitalskirche, schöner Stadtplatz, got. Wallfahrtskirche St. Valentin 🌸 im Stadtteil Haselbach mit schöner bildlicher Darstellung des Valentinlebens

Weiter gegen Osten zum Mattigtal-Radweg jenseits der Mattig, dort rechts auf dem Mattigtal-Radweg

St. Georgen:	got. PfrK St. Georg
Burgkirchen:	got. PfrK St. Maximilian mit Zürn-Altar, Wolfgang Assistenzfigur 🌿
Geretsdorf	
Mauerkirchen:	neugot. K Mariae Himmelfahrt, Spitalkirche
Hl. Geist	
St. Florian:	got. Wallfahrtskirche zu St. Florian 🔥
Helpfau:	K St. Stephan
Uttendorf:	K St. Peter und Paul ✂
Unterlochen	
Schalchen:	Rokoko-Jakobskirche 🌺
Mattighofen:	Propsteikirche Mariae Himmelfahrt 🏛
Pfaffstätt:	got. Pfarrkirche St. Johann Bapt.
Munderfing:	K St. Martin
Heiligenstatt:	Wallfahrtkirche Hl. Matthäus 🔥
Teichstätt:	Kirche St. Laurentius
Valentinhaft:	K St. Valentin
Lengau:	Kirche St. Jakobus 🌺
Schwöll	
Haidach	
Straßwalchen:	got. PfrK St. Martin 🏛
Irrsdorf:	got. Wallfahrtskirche Mariae Himmelfahrt 🔥
Oberhofen:	got. Kirche St. Blasius und der 14 Nothelfer
Zell:	PfrK Mariae Himmelfahrt
Mondsee:	Benediktinerklosterkirche St. Michael 🏛
St. Lorenz:	K St. Laurentius
Aich:	Europakloster mit Klosterkirche 🏛
St. Gilgen:	K St. Ägidius 🍃
Strobl:	K St. Sigismund

St. Wolfgang am Abersee:
Ziel: Die got. Wolfgangskirche, in der der Heilige Kraft und Gnade versprochen hat.

Wer die gpx (passend für viele Karten des Navi und für die Vermessungskarte) des Weges, wie er hier aufgelistet ist, haben möchte, kann sie auf meiner Internetseite herunterladen.
Dort biete ich auch die gpx der Hauptroute des Wolfgangsweges, sowie auch der Nebenroute Essenbach – Vilsbiburg,
der Nebenroute Burghausen – Mondsee
und der Nebenroute, der historischen Route Straßwalchen – Mondsee an.

Diese Routen auf
http://www.jakobus-weg.de/aJakw/Wflgnswg/Wlfgwg.htm

Wolfgangskirchen und Wolfgangskapellen in Südostbayern und im angrenzenden Österreich

SÜDOSTBAYERN

Stadt Regensburg:
Kirche St. Emmeram mit Wolfgangsgrab
Wolfgangskirche an der Bischof-Wittmann-Straße

Ldkr. Regensburg:
Schlosskapelle. St. Wolfgang in *Heitzenhofen* in der Gemeinde Deggendorf
ev. Wolfgangskirche in *Etterzhausen* in der Gemeinde Nittendorf
Wolfgangskirche in *Matting* in der Gemeinde Pentling
Wolfgangskirche in *Eilsbrunn* in der Gemeinde Sinzing
Kirche St. Wolfgang und St. Ulrich in *Tiefentahl* in der Stadt Wörth a. d. Donau
Dorfkapelle St. Wolfgang im Weiler Klausen in Thalmassing
Wolfgangseiche in *Neueglofsheim* in der Gemeinde Thalmassing

Ldkr. Kehlheim:
Wolfgangskirche in *Kitzenhofen* im Markt Langquaid
Wolfgangskirche in *Marzill* in der Stadt Mainburg
Wolfgangskirche in *Arresting* in der Stadt Neustadt an der Donau
Wolfgangskirche in *Dünzling* in der Gemeinde Bad Abbach
Kirche St. Wolfgang und St. Ulrich in *Sittling* in der Stadt Neustadt an der Donau
Kirche St. Wolfgang in *Eining* in der Stadt Neustadt an der Donau

Ldkr. Pfaffenhofen an d. Ilm: ------
Ldkr. Freising: ------
Ldkr. München: -----

Stadt München:
Wolfgangskirche an der Pippingerstraße im ehem. Dorfkern von *Pipping*
Wolfgangskirche am St. Wolfgangsplatz in *München-Haidhausen*

Ldkr. Bad Tölz - Wolfratshausen:----

Ldkr. Landshut:
Wolfgangskirche in *Gerabach* in der Gemeinde Bayerbach/Ergoldsbach
Wolfgangskirche *St. Wolfgang bei Essenbach* in der Gemeinde Essenbach
Kirche St. Wolfgang und St. Florian in *Kirchberg* in der Gemeinde Kröning
Wolfgangskirche in *Möllersdorf* in der Gemeinde Schalkham

Stadt Landshut:
kath. Wolfgangskirche in *Landshut*
ev. Wolfgangskirche in *Landshut*

Ldkr. Erding:
Wolfgangswallfahrtskirche in *St. Wolfgang bei Dorfen* in der Gemeinde St. Wolfgang

Ldkr. Ebersberg: ----
Ldkr. Miesbach: -----

Ldkr. Straubing-Bogen:
Kirche St. Wolfgang und St. Joh. T. in *Oberwinkling* in der Gemeinde Niederwinkling

Stadt Straubing:
Wolfgangskapelle in der *PfrK St. Jakobus d- Ä.* in der Stadt Straubing
Filialkirche St. Stephan und St. Wolfgang in *Obersunzing* in der Gemeinde Leiblfing

Ldkr. Dingolfing-Landau:
Wolfgangskirche in *Untergünzkofen* im Markt Reisbach
Wolfgangskirche in *Haingersdorf* im Markt Reisbach
Wolfgangskirche in *Exing* im Markt Eichendorf
Wolfgangskirche in *Loitersdorf* im Markt Frontenhausen
Wolfgangskirche in *Ottending* in der Gemeinde Mengkofen

Ldkr. Mühldorf:
Kapelle St. Wolfgang in *Hackthal* in der Gemeinde Rechtmehring bei Haag
Wolfgangskapelle an der Pfarrkirche St. Margaretha in *Oberneukirchen*

Ldkr. Rosenheim:
Kirche *St. Leonhard und St. Wolfgang am Buchet* in St. Leonhard in der Gemeinde Babensham

Stadt Rosenheim:
Wolfgangskapelle in der *FK Hl. Geist* in der Stadt Rosenheim

Ldkr. Regen: ------

Ldkr. Deggendorf:
Wolfgangskirche in *Rettenbach* in Deggendorf
Waldkap. St. Wolfgang in *Böbrach*
Wolfgangskap. in *Metten*

Ldkr. Rottal-Inn: -----

Ldkr. Altötting:
Wolfgangskap. *am Lehnerweg in Altötting*
Wolfgangskap. in *Fachenberg* in der Gemeinde Reisach
Wolfgangskap. in der Pfarrkirche St. Nikolaus in *Neuötting*

Ldkr. Traunstein:
Wolfgangs-Wallfahrtskirche in *St. Wolfgang bei Baumburg* in der Gemeinde Altenmarkt a. d. Alz
Wallfahrtskirche St. Wolfgang auf dem Schnappen „*Schnappenkirche*" in Marquartstein
Wolfgangskap. in *Süssen* in der Gemeinde Marquartstein

Ldkr. Passau:
Wolfgangs-Wallfahrtskirche in *Sankt Wolfgang bei Weng*
in der Stadt Greisbach i. R.
Ldkr. Berchtesgadener Land:
Wolfgangskapelle in *Osing* in der Stadt Laufen

Stadt Passau:
Wolfgangs-Wallfahrtskirche in Sankt Wolfgang bei Weng in der Stadt Bad Griesbach i. Rottal

ANGRENZENDES ÖSTERREICH

Land Salzburg: (unvollständig)
eine Wolfgangskirche im Lungau
Wolfgangskirche in Bad Fusch oberhalb der Glocknerstraße
FK St. Wolfgang zu *Falkenstein* in der Gemeinde St. Gilgen

Stadt Salzburg:
Wolfgangskapelle in der *Klosterkirche St. Peter* in der Stadt Salzburg

Oberösterreich: (unvollständig)
Wallfahrtskirche *St. Wolfgang am Abersee* in der Gemeinde
St. Wolfgang
Wolfgangskirche in *Wesenufer* an der Donau
Wolfgangskirche in *St. Wolfgang am Stein* in der Gemeinde Schlägl
Wolfgangs-Sterbekirche in *Pupping* in OÖ
Wolfgangskirche in *Dorf an der Pram*
(Wolfgangsaltar in der Pfarrkirche St. Peter in *St. Peter am Hart*)

Auszug aus dem Verlagsprogramm
www.verlag-bauer.de

Bad Birnbach - Das ländliche Bad - Eine Erfolgsgeschichte
Dr. Stefan Rammer, PNN: „Besser kann man eine Ortsgeschichte gar nicht machen. Was sie Autoren da vorlegen, ist Porträt eines Dorfes durch die Jahrhunderte bis in die Moderne..."

ISBN 978-3-941013-09-4, **18,00 €**

Der Rasso-Pilgerweg
„Auf den Spuren des heiligen Rasso", von St. Ottilien über Schondorf, Diessen und Andechs nach Grafrath...

ISBN 978-3-941013-39-1, **7,50 €**

Wanderparadies Ammersee-Lechrain
„Der Wanderführer ist ein Glücksfall für jeden Natur- und Kulturfreund, der diese Region entdecken will." (Tourismusverband)
Geschichte · Kultur · Natur | Wandern, Entdecken und Erleben
19 Tourenvorschläge

ISBN 978-3-941013-86-5, **11,95 €**

Gold für den Märchenkönig
Franz-Josef Körner verbindet eine fiktive Geschichte mit dem Schicksal des Märchenkönigs. Die Handlung spielt 1886. Max und Johanna geraten in einen gefährlichen Sog aus Intrigen, Lügen und Mord, der ihre Liebe zu zerstören droht.

ISBN 978-3-941013-03-2, **9,80 €**

Jesus ein Freund des Lebens
Der Künstler Diether Kunerth und der Pfarrer Helmut Ballis gehen gemeinsam auf eine Reise durch das Leben Jesu. Großformatige, farbintensive Bilder und einfühlsame, nachdenklich machende Worte.

ISBN 978-3-941013-85-8, **14,00 €**

HOPE - Ja, ich glaube an Gott und bete trotz allem
In diesem Buch sind Gebete gesammelt, die allesamt etwas mit dem Thema Hoffnung zu tun haben. Es sind Texte, die Schülerinnen und Schüler der achten bis zehnten Klasse aller Schularten im Gebiet der Diözese Augsburg zum Gebetswettbewerb „Hope" eingesandt hatten.

ISBN 978-3-941013-07-0, **6,00 €**   *Klassensatz: 30 Exemplare, 135 €*

Der Wolfgangsweg

von Regensburg
nach St. Wolfgang am Wolfgangsee

Impressum

Herausgeber:	Maximilian Bogner
Gesamterstellung:	BAUER-VERLAG, Thalhofen www.verlag-bauer.de
Layout & Umschlag:	angelabauer.design www.abauer-design.de
Fotos:	Maximilian Bogner
Kartenwerk:	© OpenStreetMap-Mitwirkende http://www.openstreetmap.org/copyright
Höhenskizzen:	Maximilian Bogner
ISBN:	978-3-95551-027-5

Für Anregungen und Verbesserungsvorschläge sind wir dankbar.